Elaboración del presupuesto editorial

Emilio José Checa Hinojo

Elaboración del presupuesto editorial
© Emilio José Checa Hinojo

1ª Edición

© IC Editorial, 2024

Editado por: IC Editorial
c/ Cueva de Viera, 2, Local 3
Centro Negocios CADI
29200 Antequera (Málaga)
Teléfono: 952 70 60 04
Fax: 952 84 55 03
Correo electrónico: iceditorial@iceditorial.com
Internet: www.iceditorial.com

ISBN: 978-84-1184-392-8
Depósito Legal: MA 2270-2024

Impresión: PODiPrint
Impreso en Andalucía – España

Nota de la editorial: IC Editorial pertenece a Innovación y Cualificación S. L.

Presentación del manual

El **Certificado de Profesionalidad** es el instrumento de acreditación, en el ámbito de la Administración laboral, de las cualificaciones profesionales del Catálogo Nacional de Cualificaciones Profesionales adquiridas a través de procesos formativos o del proceso de reconocimiento de la experiencia laboral y de vías no formales de formación.

El elemento mínimo acreditable es la **Unidad de Competencia.** La suma de las acreditaciones de las unidades de competencia conforma la acreditación de la competencia general.

Una **Unidad de Competencia** se define como una agrupación de tareas productivas específica que realiza el profesional. Las diferentes unidades de competencia de un certificado de profesionalidad conforman la **Competencia General,** definiendo el conjunto de conocimientos y capacidades que permiten el ejercicio de una actividad profesional determinada.

Cada **Unidad de Competencia** lleva asociado un **Módulo Formativo,** donde se describe la formación necesaria para adquirir esa **Unidad de Competencia,** pudiendo dividirse en **Unidades Formativas.**

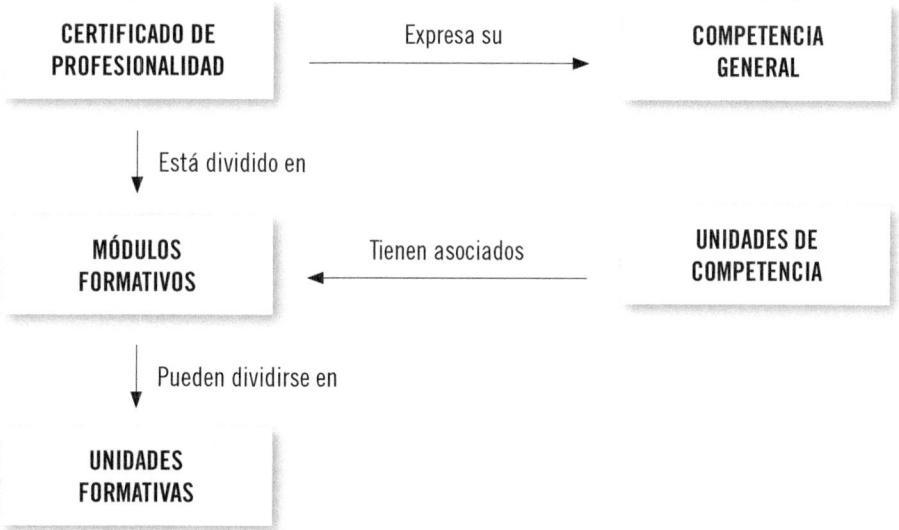

El presente manual desarrolla la Unidad Formativa **UF0249: Elaboración del presupuesto editorial,**

perteneciente al Módulo Formativo **MF0204_3: Planificación de la producción editorial,**

asociado a la unidad de competencia **UC0204_3: Planificar la producción a partir del análisis de las especificaciones de los originales,**

del Certificado de Profesionalidad **Producción editorial.**

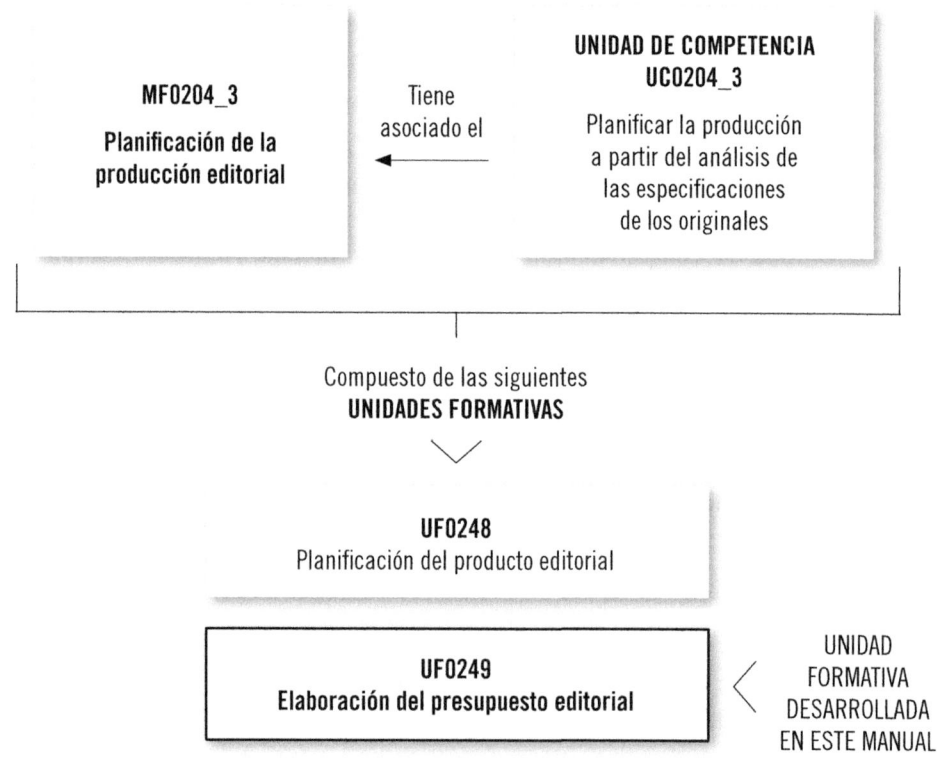

FICHA DE CERTIFICADO DE PROFESIONALIDAD

(ARGN0109) PRODUCCIÓN EDITORIAL (R. D. 1213/2009, de 17 de julio)

COMPETENCIA GENERAL: Realizar la planificación y el seguimiento de la producción editorial, teniendo en cuenta los factores de calidad, costes y tiempos.

Cualificación profesional de referencia		Unidades de competencia	Ocupaciones o puestos de trabajo relacionados:
ARG073_3 PRODUCCIÓN EDITORIAL (R. D. 295/2004, de 20 de febrero; anexo LXXIII)	UC0204_3	Planificar la producción a partir del análisis de las especificaciones de los originales	• 3029.028.0 Técnicos en producción editorial • 3073.006.7 Técnicos en control de calidad • Responsable del área de publicaciones • Responsable de aprovisionamiento y contratación de servicios gráficos
	UC0205_3	Controlar la calidad del producto, a partir de las especificaciones editoriales	
	UC0206_3	Gestionar la fabricación del producto gráfico	

Correspondencia con el Catálogo Modular de Formación Profesional

Módulos certificado	Unidades formativas	Horas
MF0204_3: Planificación de la producción editorial	UF0248: Planificación del producto editorial	70
	UF0249: Elaboración del presupuesto editorial	40
MF0205_3: Gestión y control de la calidad	UF0250: Especificaciones de calidad en preimpresión	50
	UF0251: Especificaciones de calidad de la materia prima	40
	UF0252: Especificaciones de calidad en impresión, encuadernación y acabados	60
	UF0253: Contratación y supervisión de trabajos en preimpresión	40
MF0206_3: Gestión de la fabricación del producto gráfico	UF0254: Contratación y supervisión de trabajos de impresión, encuadernación, acabados y gestión de materias primas	50
	UF0255: Análisis y control de la desviación presupuestaria del producto gráfico	30
MP0060: Módulo de prácticas profesionales no laborales		160

Índice

Capítulo 4
Los proveedores

Capítulo 1
Petición y selección de ofertas

Contenido

1. Introducción

Trazando las líneas maestras sobre el concepto de industria de arte gráfica y auxiliar, se han de reconocer como principales de la misma, aquellas actividades de impresión sujetas a un determinado procedimiento ejecutado sobre unos materiales concretos.

Toda relación de la empresa gráfica con los clientes ha de quedar recogida en un contrato que contenga todos aquellos aspectos clave para la elaboración del producto gráfico objeto de la asociación contractual.

Un aspecto clave en la realización de estas acciones es la conformación de una oferta o presupuesto sobre el trabajo a realizar, de manera que quede reflejado en el contrato el mayor grado de detalle posible para dar solidez al éxito de la relación.

Asociado a esto, se encuentran una serie de entramados normativos que regulan y homogeneizan los procesos asociados a esta confección de ofertas y contratación a un nivel internacional, europeo y nacional.

2. Normas internacionales y nacionales de productos, procesos y calidades en artes gráficas (ISO y UNE)

La Organización Internacional de Estandarización, ISO *(International Organization for Standarization),* define la normalización como:

> *La actividad que tiene por objeto establecer, ante problemas reales o potenciales, disposiciones destinadas a usos comunes y repetidos, con el fin de obtener un nivel de ordenamiento óptimo en un contexto dado, que puede ser tecnológico, político o económico.*

Este hecho hace que este proceso tienda a una homogeneización y simplificación de procesos de acuerdo a unas pautas comunes de actuación respecto a la materia concreta a que se refiera, siendo de gran utilidad para el desarrollo de las actividades empresariales en un contexto internacional.

2.1. Organismos de normalización

Esta homogeneización de actividades y procesos es llevada a cabo a través de una estructura de organización, que se sustentan fundamentalmente en las siguientes entidades:

1. **ISO,** *International Organization for Standardization* **(Organización Internacional para la Estandarización):** se encarga de la elaboración de normas internacionales (Normas ISO) de fabricación, comercio y comunicación de los diferentes sectores empresariales, a excepción del eléctrico y electrónico. Persigue tres pautas generales en la elaboración de su normativa: satisfacción del cliente, aumento de la cuota de mercado de la empresa y mejora continua. Su secretaría está en Ginebra (Suiza) y coordina la actividad de los institutos nacionales que dependen de ella, que en la actualidad ascienden a 160, uno en cada país.
2. **Asociación Española de Normalización (AENOR):** es la presencia española, que tiene como misión la dedicada a la elaboración, aplicación y certificación empresarial de la normalización indicada a nivel internacional, fomentando la competencia empresarial y la conservación del medio ambiente. Además de en ISO, representa a España en otros organismos de normalización en distintos ámbitos geográficos de cobertura; de ahí el nombre UNE (Una Norma Española).
3. **Comités técnicos de normalización:** se habla aquí de órganos de carácter técnico cuya función es el estudio pormenorizado a nivel de sectores y subsectores de actividad empresarial, con la finalidad de elaborar proyectos de normas que tras su proceso de elaboración se publican bajo la denominación de normas UNE.

En la temática desarrollada en este manual, la industria gráfica, los comités que normalizan y trabajan en el sector de la industria gráfica son los siguientes:

- Comité Técnico ISO/TC 130: *Graphic Technology* (Internacional).
- Comité Técnico AEN/CTN 54: Industria Gráfica (Español).

Todo lo anterior concluye en la idea principal de trabajo normativo, en la cual la iniciativa o la detección de la necesidad de crear una norma concreta nace a raíz de encontrar la carencia de la misma existente en algún sector concreto. A raíz de esto, esta norma es elaborada en un marco global (ISO, UNE, etc.) de aplicación voluntaria por las empresas de los estados participantes de este sistema.

2.2. Principales normas de aplicación en la industria gráfica

La variedad normativa en este sector es muy numerosa debido a la especificidad potencial y real que abarca su cometido; por esta razón existe un catálogo disponible dentro de la página web: <https://www.iso.org/>.

Logotipo ISO asociado a la normativa internacional

Las normas UNE publicadas por AENOR a través del Comité Técnico de Normalización CTN 54 se derivan en la mayoría de los casos de Normas ISO a través de su traducción y adaptación para aplicarlas en España. En estos casos suelen estar denominadas con la siguiente estructura: UNE-ISO + número: año de elaboración/actualización.

Ejemplo

UNE-EN ISO 12643-1:2023: Tecnología gráfica. Requisitos de seguridad para equipos y sistemas de tecnología gráfica. Parte 1: Requisitos generales (ISO 12643-1:2023) (Ratificada por la Asociación Española de Normalización en enero de 2024).

UNE-ISO/TS 15311-2:2022: Tecnología gráfica. Requisitos para la impresión de calidad de materiales impresos. Parte 2 Aplicaciones de impresión comercial utilizando tecnologías de impresión digital.

También existe la modalidad UNE-EN y se refiere a la adaptación de una norma europea *(European Norm)* con aplicación en aquellos agentes empresariales existentes en el territorio español.

 Nota

La equivalencia en países comunitarios como Francia de AENOR es la organización AFNOR y crea normas NF que equivalen a lo que en España son las normas UNE.

 Actividades

1. Señale qué significa UNE y a qué se refiere.
2. Averigüe quién realiza las normas UNE.

3. Especificación de materiales, colores, acabados, pruebas, maquetas y otros procesos

Un aspecto fundamental a la hora de llevar a cabo un presupuesto para la elaboración de un producto editorial es la recopilación de información respecto al mismo.

Para la obtención de esta información, es necesario plasmar con el máximo detalle los distintos rasgos y componentes que caracterizarán el producto editorial, tales como materiales, colores, etc.

Previo a la petición de presupuesto del proyecto editorial, se deben definir claramente las composiciones del mismo, así como los detalles de su elaboración y los umbrales de calidad donde se van a mover los mismos.

3.1. Materiales de un proyecto editorial

Los materiales empleados en artes gráficas son los distintos componentes que forman el producto final, y que son básicos para que estén presentes las condiciones de calidad y uso prefijadas en su planificación.

Sustrato

Se habla de sustrato para referirse al material sobre el que se va a elaborar el producto gráfico. El material más extendido es el papel y sus derivados, pero no es el único, y son cada vez más empleados los sustratos plásticos, metales, textiles, etc., en función de los objetivos perseguidos en la comercialización o exposición del producto y el coste derivado de cada uno de ellos.

Según informe del **International Pulp and Paper Directory,** existen contabilizadas 457 variedades de papel. Lo importante para el estudio que se desarrolla en este manual es que cada uno de esos tipos lleva asociado un coste diferente en función de sus características. Las más importantes a tener en cuenta son:

- **Color:** se pueden aplicar en su elaboración tintes que modifiquen la apariencia del papel, obteniendo así un amplio abanico cromático. Por regla general, lo papeles teñidos suelen suponer un mayor coste que los blancos, aunque, sin duda, los más económicos son aquellos no tratados con tintes ni blanqueantes, presentando así un color pardo, amarronado o grisáceo.

Distintos tipos de papel según el color (© Fotografía: fdecomite Vía Flickr - CC BY)

- **Fuente:** el origen de la fibra empleada en la elaboración del papel va a condicionar su tipología y por ende su coste. De hecho, el papel obtenido del reciclaje de otros productos ha de ser el más económico del mercado si se mantienen constantes otros rasgos (gramaje, porosidad, etc.) en su comparación.
- **Flexibilidad:** la mayor o menor dureza va a condicionar el tipo de papel, en cambio, las modificaciones en su coste van a estar más directamente relacionadas con aspectos anteriores.
- **Superficie:** la porosidad de un papel va a condicionar una amplia variedad, desde los más porosos hasta superficies lisas que dan apariencia más similar al plástico que al papel. En cuando al coste asociado a su uso, es necesario tener en cuenta que a mayor porosidad la absorción de tinta inyectada es mayor.
- **Gramaje:** el gramaje es el grosor que presenta el papel, y se puede medir en puntos o en gramos por metro cuadrado, siendo mayor su coste cuando mayor es su gramaje.

Otros materiales

Además del papel y sus derivados, existen otros materiales cuya presencia en el trabajo realizado en las artes gráficas está en alza, en busca de la diferenciación de productos, la mejora estética o la innovación. Los más importantes son los siguientes:

- **Plástico:** empleado sobre todo en cubiertas y envases, cumplen la función de protección y embellecimiento del producto, a la vez que favorecen su mantenimiento e higiene.
- **Madera:** material empleado básicamente en la presentación al cliente del producto o en la cobertura del mismo, pretende ofrecer una imagen del artículo de calidad y diseño. Suele estar asociado a productos de precio de venta medio-alto y, por consiguiente, su coste es mayor.
- **Metacrilato:** aunque es un tipo de plástico endurecido, cuya demanda en el sector gráfico ha experimentado un considerable crecimiento, su coste se sitúa a caballo entre el papel y la madera.

Ejemplo de uso de material metacrilato como soporte

- **Textiles:** es el soporte menos empleado por su complejidad y limitación en el arte gráfico. Requieren de tintas aptas para tela y, por lo tanto, el coste de elaboración se encarece tanto en tiempo como en dinero.
- **Metálicos (aluminio):** dando un paso más en la sofisticación del producto gráfico, los elementos metálicos como decoración y protección suelen conferir al artículo un diseño distintivo asociado a un alto valor. El aluminio es el metal predominante en este uso.

Ejemplo de material metálico empleado en la confección de productos gráficos (© Fotografía: Audrey Vía Flickr - CC BY)

Actividades

3. Busque ejemplos de productos gráficos con soporte de madera.
4. Los alumnos de un taller de costura han bordado todos sus nombres en un tapiz como regalo a su monitor. Indique el soporte y resto de materiales empleados en la confección del tapiz.

Colores (tinta)

Los colores son el resultado de aplicar la tinta sobre el sustrato, condicionando ambos el resultado final. La tinta es un material cuyo uso y consumo va a estar condicionado por la técnica de impresión utilizada, es decir, la impresión a través de inyección de tinta va a emplear un tipo de compuesto de color, mientras que la impresión láser emplea otro específico.

Los colores empleados para impresión a través de tintas son básicamente cuatro:

- Negro (K): monocromo. Mezclado en superficies blancas permite obtener la gama de grises.
- Amarillo (Y).
- Cian (C).
- Magenta (M).

Muestra de colores usados en la impresión gráfica

 **Nota**

Existen máquinas de impresión, principalmente las de uso doméstico, que no presentan la separación de estos cuatro colores, sino que agrupan tres colores por un lado (CMY) y el negro (K) por otro.

Existen otros compuestos específicos según el tipo de producto pretendido. Este es el caso de la tinta especial para papel fotográfico, cuyas condiciones y compuestos dan como resultado una mayor calidad.

A nivel de costes, aunque los recambios de tinta empleada en la impresión a través de inyección es más costoso en relación a la láser, su limitación en el número de páginas hace que el coste por copia sea muy superior en esta; es decir, los tóner de tinta para impresión láser permiten la obtención de un mayor volumen de impresión por unidad.

 Nota

Tóner es un término que proviene del inglés, que está referido a la tinta seca que a través de la aplicación de calor y presión queda adherida al papel.

Otros materiales

Además de los principales componentes del producto gráfico, a la hora de valorar su presupuesto de fabricación es necesario tener en cuenta otros materiales cuyo coste económico supone un aspecto considerable dentro del presupuesto total del producto, no tanto por el montante individual de los mismos sino por su cómputo general:

- **Barniz:** aunque su presencia se da mayormente en los acabados de la obra, puede considerarse como complemento de la tinta cuando se emplea en el grabado principal. Su coste se mide por unidad de volumen (euros/litro) a la hora de establecer comparaciones en el presupuesto.
- **Alambre para engrapar:** se da en las encuadernaciones y su coste se mide por euros según el metro, aunque su venta se hace en bobinas.

Muestra de bobina de alambre para engrapar

- **Hilo para coser:** funciona igual que el anterior, en encuadernaciones, pero tiene una composición textil.
- **Adhesivos:** pegamentos que forman parte de la composición y montaje de la obra y cuya intensidad de pegado va en función del tamaño y material de la obra. En su coste influye la fortaleza del adhesivo, aunque el factor que condiciona el precio es la marca.
- **Otros:** cordones, remaches, anillas, hilos de oro u otros metales, etc., que tienen como finalidad complementar el diseño final del producto.

A la hora de elaborar el presupuesto se ha de comparar al menos tres ofertas de distintos proveedores para minimizar el riesgo de error en la decisión. Si bien es cierto, para cada material se han de comparar unidades homogéneas, es decir, euros por metros, por litros, etc.

3.2. Colores

Más allá del matiz empleado en la realización de cada una de las partes del producto gráfico, se hace necesario conocer la cantidad y composición de los materiales que conforman la sustancia que obtendrá como resultado el color o colores deseados.

En este campo se realizan lo que se denomina **pruebas de color,** que son test que se aplican sobre el producto y permiten obtener información sobre la concentración de color que tiene la obra. La utilidad de estas pruebas radica en la necesidad de revisar el resultado obtenido en la impresión con el objetivo de igualar los colores impresos lo más fielmente posible a los originales o planificados.

Cuando se habla de estandarización o normalización del color no se hace referencia a que todos los trabajos deban tener los mismos colores y matices sino que la normalización se refiere a valores contenidos en esos colores como tono o puntos, así como características de soportes y tintas empleadas en cualquier parte del proceso de elaboración.

Esta estandarización queda recogida en ISO 12647, donde se establecen los umbrales de estas características aplicados para la obtención de cada color. Concretamente, la Parte 1 de esta norma hace referencia a los aspectos previos al proceso de elaboración del producto gráfico en relación a su color, afirmando que se han de conocer los parámetros que se van a seguir en el proceso de impresión. Las comprobaciones previas de estos parámetros se realizan sobre la prueba inicial y sucesivas hasta llegar a su obtención en el producto final.

Instrumentos utilizados en las pruebas de color

Para llevar a cabo las pruebas de color, así como la comprobación de obtención de los parámetros dentro de los umbrales establecidos en la norma, se van utilizar los siguientes instrumentos:

- **Densitómetro.** Es la herramienta que se emplea para medir la densidad y el porcentaje de puntos obtenido en la impresión, cuya utilidad es fundamental para aportar información sobre la calidad de una impresión.

- **Colorímetro.** Empleado en la diferenciación de matices del color, este instrumento posee la agudeza equivalente al ojo humano para la apreciación de color de la impresión.

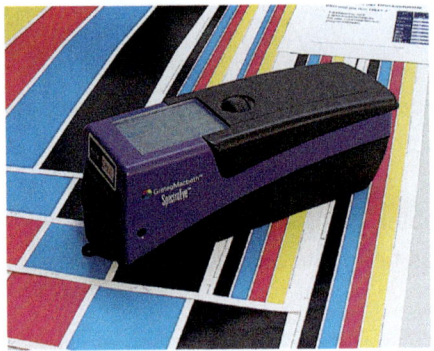 

Densitómetro y colorímetro

3.3. Acabados

El proceso de elaboración no termina cuando se finaliza la impresión, tras ella existe una serie de procesos tendentes a mejorar la presentación del producto. Estos son los acabados.

Se habla de acabado cuando se hace referencia a la fase del proceso de elaboración que se centra en la superficie del producto, de manera que se establezca una serie de rasgos sobre la misma que caractericen esta superficie, no solo a nivel estético sino también de otros usos, como manipulación, almacenaje, protección, higiene o conservación.

 Nota

Las superficies más lisas favorecen la limpieza de los productos gráficos en seco al impedir o dificultar la penetración de partículas de suciedad en los poros del acabado.

A nivel de coste, los acabados suelen incluir productos químicos como el barniz, que van a encarecer el precio del producto cuanto mayor sea la calidad de los mismos, siempre en función de la calidad que se quiera obtener.

Funciones de los acabados

Además de estética, los acabados poseen otra serie de funciones, y las más importantes son:

- **Tratamientos de superficie:** es la función que se encarga de dar brillo, matizar la superficie, así como dar textura a la presentación del producto. Los principales acabados suelen clasificarse en función del brillo final obtenido en el producto gráfico, considerando así:

  - **Brillo:** donde existe una intensidad de brillo apreciable, capaz de reflejar la luz y siendo más o menos intenso según el diseño y producto aplicado.
  - **Semimate:** se da cuando el producto no reflecta luminosidad recibida pero sí la refleja, es decir, posee un brillo muy suave casi imperceptible.
  - **Mate:** se da una ausencia total de brillo. El producto presenta un color que no emite variación al aplicar fuentes de luminosidad externa.

- **Tratamientos de protección:** se trata de aplicar una serie de productos y procesos sobre la impresión para protegerla ante la manipulación por el usuario final del producto. Suelen emplearse lacados, antigrasas y antimoho, así como mecanismos que impidan o dificulten su reimpresión.

A este respecto, la petición de ofertas a proveedores debe contener el detalle del precio del envase y la cantidad de unidades de medida que contiene este para poder hacer la comparación adecuada.

Recuerde

La anodización es una práctica que suele emplearse sobre el aluminio, donde a través de procedimientos electroquímicos se crea una capa protectora denominada capa alúmica, que le proporciona mayor resistencia a su vez.

3.4. Pruebas o maquetas

Se habla de pruebas para referirse a la elaboración de una parte del producto o una copia del mismo para analizar su contenido como herramienta de evaluación y control del proceso de elaboración. Se trata de un paso previo a la elaboración definitiva que se realiza para evitar errores graves o insalvables en la obtención del producto gráfico final.

Aunque en este campo se utiliza como sinónimo de la prueba, se entiende por maqueta como un montaje de forma real pero a escala, de manera que se pueda afrontar su análisis a través de su total manejo y con determinados aspectos eliminados respecto al trabajo final o producto real.

Ejemplo

Para el lanzamiento de una nueva revista especializada en autoempleo, se realiza una maqueta sobre su estructura para apreciar los parámetros de color, diseño, tipografía, etc. Esta maqueta se basará en una portada y dos páginas: una donde aparezcan gráficos y textos y otra de ellas donde se aprecie una imagen real (fotografía).

Estas pruebas o maquetas pueden ser realizadas, modificadas o simplemente elaboradas en varias etapas del proceso de producción gráfico. En numerosas ocasiones forman parte del control de calidad y han de ser verificadas en cada fase antes de pasar a la siguiente.

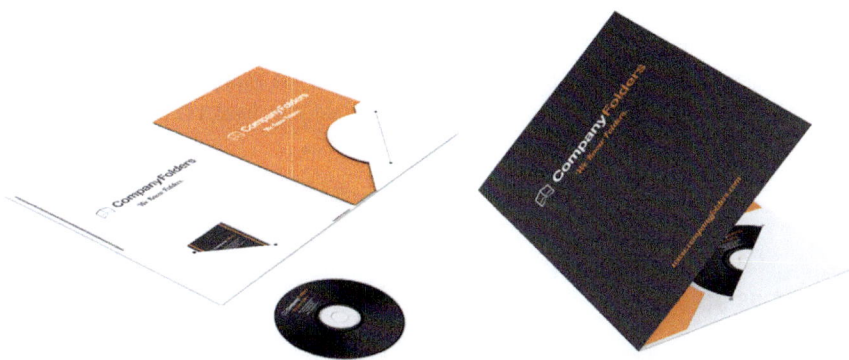

Ejemplo de una maqueta para su análisis previo a la elaboración del producto editorial
(© Fotografía: companyfolders Vía Deviantart - CC BY)

La obtención de la prueba supone un coste de materiales y tiempo, pero los beneficios derivados de la minimización de riesgos que supone en el proceso de elaboración es comparativamente superior a los gastos que genera su elaboración.

De igual forma, es necesaria para que el cliente, antes de la firma del contrato, pueda ver lo que obtendrá tras la finalización del trabajo gráfico.

 ## Aplicación práctica

A la finalización de la edición de su primer libro, Dani Jorge no se encuentra satisfecho con el resultado, dice que no es como se trató en la prueba de contrato y solicita compararla con el producto acabado. La empresa gráfica le dice que no lo tiene porque ya está el producto real y no tiene sentido la posesión de la prueba.

¿Quién tiene razón en esta disputa?

Continúa en página siguiente >>

<< Viene de página anterior

SOLUCIÓN

Sin lugar a dudas la razón la posee Dani Jorge, porque la prueba de contrato debe permanecer vigente durante la elaboración del producto y la presentación del trabajo. Una de las principales funciones de esta prueba es la disposición de una garantía para la conformidad del cliente con el producto final en relación a lo contratado en base a la prueba.

3.5. Otros procesos

Existe una amplia variedad de trabajos y actividades anexos a la elaboración de un producto gráfico en función de su naturaleza y las preferencias del cliente, si bien es cierto que entre los más importantes destacan:

- **Diseño:** cada vez son más las empresas que se dedican a la elaboración de productos gráficos a partir de borradores elaborados por el cliente, de manera que su labor se amplía al campo del diseño y disposición de la obra bajo la supervisión del cliente.
- **Traducción:** es un caso característico de obras literarias y aquellas que contienen narraciones escritas. A petición del cliente, la empresa gráfica puede encomendar el trabajo de traducción de la obra en su totalidad o en partes especificadas. En todo caso, este aspecto debe estar recogido en el contrato.
- **Promoción:** puede darse el caso de que la empresa gráfica disponga de una plataforma de venta (editorial) en la que además de los trabajos gráficos esté en posición de ofrecer el servicio de promoción para la comercialización del producto, bien en su propio nombre (explotación) o bien en nombre del cliente (autor o poseedor de derechos de autor).
- **Distribución:** es el proceso de llevar el producto editorial al mercado objetivo. Puede ser realizada por el propio editor o por un distribuidor externo.
- **Venta:** es el proceso de transferir la propiedad del producto editorial del editor al comprador. Puede ser realizada por el propio editor o por un vendedor externo.

- **Corrección:** es el proceso de revisar el producto editorial para corregir errores ortográficos, gramaticales y de estilo.
- **Actualización:** aunque no esté asociado a todas las obras escritas, la actualización es el proceso de revisar el producto editorial para garantizar su claridad, coherencia y precisión de acuerdo a la fecha en la que es revisado.
- **Diseño:** es el proceso de crear la apariencia física del producto editorial, incluyendo la portada, el interior y las ilustraciones.
- **Impresión o publicación:** ya sea físico o digital, se trata del proceso necesario de crear copias físicas del producto editorial o diversos accesos del público objetivo de la obra.

 Actividades

5. Indique qué aspectos debe tener en cuenta sobre la relación color del soporte y color de la tinta.
6. Señale qué diferencias principales existen entre maqueta y prueba.

4. Comprobación de originales "prefligt"

El proceso de elaboración del producto gráfico requiere la existencia del original, el cual será el resultado del producto gráfico tras el tratamiento a través de procesos y técnicas de reproducción.

Sin embargo, la recepción del original no es motivo definitorio del inicio del trabajo, antes de realizar ni tan siquiera una estimación del coste según extensión, materiales, acabados, etc.; y se hace necesario comprobar detalladamente los distintos aspectos que contiene la obra.

Un original entregado por el cliente puede contener, como norma general, los siguientes **tipos de contenidos:**

- **Texto:** son los más comunes y solos o acompañados de otros elementos pueden presentar innumerables formatos y diseños.
- **Imágenes:** pueden ser irreales o representaciones reales (fotografías). Se ha de prestar especial atención a su calidad de resolución y matizaciones de color.
- **Gráficos:** representaciones de valores cuantitativos y cualitativos. Suelen entregarse en formato físico o digital como se tratará más adelante.
- **Dibujos:** su tratamiento es similar al de las fotografías.
- **Espacio:** es el espacio vacío que rodea los elementos de un producto gráfico. Se utiliza para crear equilibrio, organización y un sentido de movimiento. El espacio sirve para jugar con el diseño y la composición de los elementos en la presentación del producto final.
- **Tipografía:** unido a lo anterior, la tipografía el arte de la escritura, se utiliza para crear un estilo y una sensación específicos, a través de la combinación de diversos estilos un diseño puede cambiar tanto en dimensión como en atractivo a los ojos del público lector.
- **Encabezados:** son elementos de texto que se utilizan para organizar y dividir el contenido de un libro. Los encabezados pueden ser de diferentes niveles, y se utilizan para indicar la estructura del libro y para ayudar a los lectores a encontrar la información que buscan.
- **Pies de página:** otros componentes de texto que se utilizan para proporcionar información adicional sobre el texto que se encuentra en la página. Los pies de página pueden incluir notas al pie, referencias bibliográficas o cualquier otra información que el autor considere importante.
- **Referencias:** afectan directamente al diseño y presentación de la información, las referencias son elementos de texto que se utilizan para indicar las fuentes de información que se han utilizado para escribir un libro. Las referencias pueden incluir listas de libros, artículos, sitios webs o cualquier otra fuente de información que el autor haya utilizado.
- **Apéndices:** son secciones adicionales de información que se incluyen al final de un libro. Suelen contener información que es complementaria al texto principal.
- **Epílogos:** son similares a los apéndices porque son secciones adicionales de información que se incluyen al final de un libro, pero esta información es complementaria al texto principal, aunque no es esencial para comprender el argumento del libro. Los epílogos suelen ser más cortos que los apéndices y suelen centrarse en reflexiones o comentarios

del autor sobre el libro, información adicional sobre los personajes o el argumento, o un adelanto de una futura secuela o novela.

- **Otros:** existe una amplia gama de componentes originales de los productos gráficos, tales como hilos, lazos, ornamentos, audios, luces, etc.; unas veces suministrados por el cliente y otras solicitados para que sea la empresa gráfica la que los incluya en el producto final.

 Nota

Los libros para niños suelen contener una gran variedad componentes eléctricos, tales como música, luces, botones, etc., que con el objetivo de hacer más atractivo el producto y llamar la atención de sus jóvenes lectores hacen más ardua la labor de edición.

Como norma general, al recepcionar la entrega de un original se han de comprobar los siguientes **aspectos fundamentales:**

- **Extensión:** tomando como medida razones cuantitativas que detallen el volumen de la obra tales como número de páginas o largo por ancho.
- **Calidad:** las empresas pueden reservarse el derecho a exigir un mínimo de calidad de los originales entregados por el cliente, de modo que se facilite el trabajo de elaboración.
- **Autenticidad:** a veces resulta difícil comprobar la autenticidad de un original, más aún en caso de obras literarias; por este caso, la empresas suelen exigir al autor un compromiso legal de responsabilidad sobre la autenticidad de la obra.
- **Coordinación:** a la hora de realizar la comprobación de los originales, la atención no se ha de centrar en la simple revisión de los campos que marca el original, también se ha de tener especial atención hacia su estructura en cuanto a la correspondencia de las partes que lo conforman.

A la hora de realizar el proceso de comprobación de los originales, se ha de tener en cuenta los tipos de originales a los que debe acometerse revisión. Algunos de los tipos más comunes son:

- **Manuscritos:** deben estar presentados en una sola cara, en un estado aceptable y sin correcciones que puedan dar lugar a dudas respecto a su contenido. También deben estar en un formato predeterminado (DIN4, por ejemplo) y de color blanco o derivado de este y se usará una tinta negra que favorezca su lectura (física o digital) y claramente diferenciada del color de las correcciones en el caso de que estas existan.
- **Hablados:** suele ser el caso típico de las entrevistas trascritas a papel. Han de presentarse en un archivo de audio normalizado para poder ser escuchado en los medios más comunes. Además, deben estar realizados en una dicción clara con una coordinación en el lenguaje y la organización de los contenidos.
- **Mecanografiados:** este tipo de originales está prácticamente en desuso por ser sustituidos por la impresión derivada de equipos informáticos. Respectos a los condicionantes que han de poseer, además de los indicados para los manuscritos, deben tener amplios márgenes e interlineados así como sangrías en las primeras líneas de cada párrafo. Las páginas han de estar numeradas y con alineado a la izquierda del texto. Se recomienda que no contengan correcciones para no dificultar la digitalización.
- **Impresos:** las impresiones entregadas como originales deben mantener un notable contraste de texto y soporte. La fuente empleada es importante para la digitalización, y se recomiendan fuentes de uso frecuente (Times New Roman, Arial, etc.), así como el respeto de parámetros de diseño de página que favorezcan la digitalización.
- **Digitalizados:** es el caso de originales más fáciles de manipular puesto que se ahorran trabajos relacionados con la digitalización. Deben estar contenidos en soportes universales (DVD, *pen drive,* etc.) y en formatos generalmente extendidos (como, por ejemplo, txt para texto o JPG para imágenes)

En la mayoría de los casos, los más usados son los digitalizados seguidos de lejos por los impresos, puesto que cada vez son más el número de empresas gráficas que solo aceptan originales digitalizados por la facilidad de trabajo, la consiguiente reducción de costes y la mejora de la competitividad empresarial.

En el caso especial de los documentos no digitalizados, la práctica empresarial se conforma en base a la realización de una copia de manera que el original quede en manos del autor o la autora.

 Aplicación práctica

Verónica y Noelia realizan una monografía sobre las diferencias en la enseñanza según niveles escolar y universitario, trabajo que contiene textos e imágenes. Tras contactar con la empresa editorial, entregan el siguiente documento original:

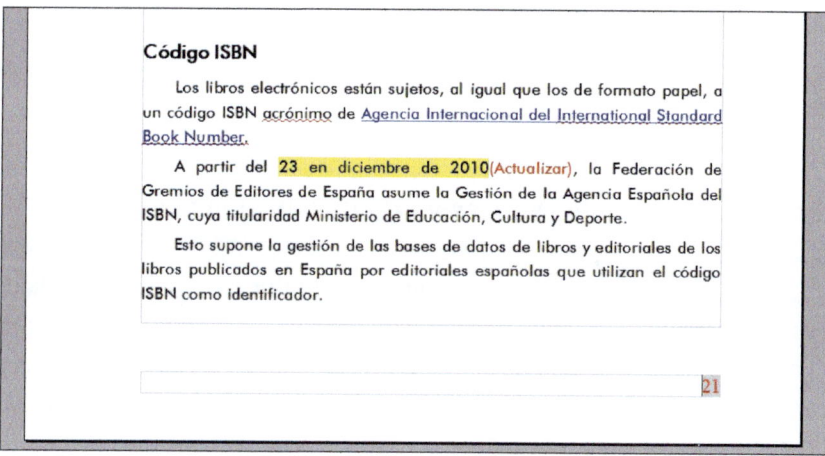

Código ISBN

Los libros electrónicos están sujetos, al igual que los de formato papel, a un código ISBN acrónimo de Agencia Internacional del International Standard Book Number.

A partir del 23 en diciembre de 2010(Actualizar), la Federación de Gremios de Editores de España asume la Gestión de la Agencia Española del ISBN, cuya titularidad Ministerio de Educación, Cultura y Deporte.

Esto supone la gestión de las bases de datos de libros y editoriales de los libros publicados en España por editoriales españolas que utilizan el código ISBN como identificador.

En vista a este documento, se pide:

1. **Identificar el tipo de original.**
2. **¿Se adapta a los requisitos básicos que ha de contener este tipo de originales?**
3. **Valore la idoneidad del original aportado.**

Continúa en página siguiente >>

<< Viene de página anterior

SOLUCIÓN

1. Es un original de un documento de texto digitalizado.
2. En vista a la información que se desprende de la imagen aportada en el enunciado, se pueden realizar las siguientes consideraciones respecto al cumplimiento de requisitos del original:

   ǀ Existe un claro contraste entre fondo y texto, la separación interlínea es adecuada y hay márgenes claramente distinguidos.
   ǀ Posee una numeración de páginas y se percibe claridad y organización en el contenido.
   ǀ Existe una clara distinción de correcciones, sombreadas y en texto de distinto color para facilitar el trabajo de edición.

3. En general, el documento cumple los requisitos básicos según el tipo de original. Debería realizarse en un formato generalmente aceptado y conocido para su manipulación.

---

5. Pruebas de contrato. Normas y criterios de aplicación

Cuando un cliente se acerca a la tienda a adquirir un producto o lo hace a través de internet, lo observa, analiza, estudia sus ventajas e inconvenientes, etc., antes de realizar el acto de compra. En cambio, los productos gráficos por encargo de un cliente (autor o no) limitan estos umbrales de percepción pues el producto final no está realizado.

Para solventar esta carencia de información inicial en el proceso de adquisición de un producto gráfico, las empresas encargadas de su elaboración ofrecen al cliente lo que se conoce como **pruebas,** que son muestras fieles de las características reales que dispondrá el producto final.

Las pruebas de contrato se realizan para garantizar que el producto editorial cumpla con los estándares de calidad establecidos por el editor y el autor. Estas pruebas de contrato pueden incluir una variedad de elementos, como:

- **Revisión ortográfica y gramatical:** esta prueba se realiza para detectar errores ortográficos, gramaticales y de puntuación.
- **Edición:** esta prueba se realiza para garantizar la claridad, coherencia y precisión del contenido.
- **Diseño:** esta prueba se realiza para garantizar que el producto editorial tenga un aspecto profesional y atractivo.
- **Impresión:** esta prueba se realiza para garantizar que el producto editorial se imprima correctamente.

Las pruebas de contrato pueden ser realizadas por el editor, el autor o un tercero contratado por el editor. Es importante que estas pruebas se realicen de forma exhaustiva para garantizar que el producto editorial sea de la más alta calidad, donde los beneficios de las pruebas de contrato incluyen:

- **Garantizar la calidad del producto editorial:** las pruebas de contrato ayudan a identificar y corregir errores que podrían afectar la calidad del producto editorial.
- **Proteger al editor y al autor:** las pruebas de contrato ayudan a proteger al editor y al autor de posibles reclamaciones legales por errores en el producto editorial.
- **Satisfacer las expectativas del público:** las pruebas de contrato ayudan a garantizar que el producto editorial cumpla con las expectativas del público.

Los objetivos que tienen las pruebas en el proceso de contratación del producto son principalmente dos:

- Representación de los rasgos principales de la obra gráfica.
- Garantía de cumplimiento de contrato para el cliente.

El caso que ocupa este apartado es el que trata la prueba como parte anexa al contrato sobre el que gira el proceso comercial establecido, y que servirá de guía de seguimiento a la empresa gráfica y de criterios de exigencia del cliente sobre el producto final realmente obtenido.

5.1. Tipos de pruebas

Las pruebas se pueden clasificar en cuatro categorías:

- **Pruebas conceptuales o visuales:** en esta prueba se muestran contenidos, estructura de los mismos y se percibe claramente el diseño. Son las pruebas que poseen menor grado de detalle y suelen ser las empleadas en las negociaciones iniciales del contrato.
- **Pruebas tipográficas:** suponen dar un paso más sobre las anteriores puesto que se incluyen tipografías y ubicación de gráficos. Suelen ser muy similares a las anteriores.
- **Pruebas de color:** incluyen el color como elemento de la muestra y representan la elección que el cliente hace de los mismos. Estas pruebas requieren obligatoriamente la impresión sobre el soporte real (material) que se va a emplear. Además, incluyen elementos relacionados con la impresión como densidad de masas, precisión, error de tono, etc.
- **Pruebas de contrato:** es el escalafón más alto en el detalle y precisión de la prueba. Se denominan así porque son las que se emplean para cerrar el contrato, mientras que las anteriores son más orientativas a efectos de consenso inicial entre proveedor y cliente.

Como su propio nombre indica, las pruebas de contrato son las empleadas en el cierre de la relación comercial entre empresa y cliente (autor) por el hecho fundamental que son las que más detalles proporcionan sobre el producto final.

 Aplicación práctica

María Ángeles quiere entregar a su marido Pepe como regalo de aniversario un libro con fotografías y textos de las distintas etapas de su vida junto a sus dos hijos Daniel y Sonia. Esta llega a la tienda con un dispositivo portátil (USB) con las fotos y los textos en formato JPG y txt, respectivamente, y ordenados para montarlo todo en el libro.

Continúa en página siguiente >>

<< Viene de página anterior

La empresa comprueba que el original es correcto y le enseña varios libros de otros clientes. María Ángeles queda prendada de uno de ellos y dice que lo quiere exactamente igual que ese. Así que encarga a través del contrato un total de cinco ejemplares.

¿Cuál sería la prueba en esta relación comercial?

¿Qué tipo de prueba sería?

Indique su utilidad en este caso

SOLUCIÓN

1. La prueba es el libro que le ha encantado a María Ángeles de otro cliente.
2. Sería un tipo de prueba de contrato porque contiene todos los detalles respecto a diseño, estructura, materiales, etc.
3. Sirve de garantía para obtener el producto final en las condiciones acordadas en el contrato para la cliente y como guía de trabajo para el equipo gráfico.

Los **requisitos** que deben cumplir las pruebas a la hora de servir de medio para la formalización del contrato son:

1. **Realidad:** puesto que su existencia se encamina a la definición de un anticipo del producto real. Debe representar los rasgos esenciales de calidad y diseño asociados al producto final.
2. **Factibilidad:** el cliente debe ser capaz de identificarlas en su totalidad así como cada una de sus partes.
3. **Durabilidad:** las pruebas deben mantenerse en el tiempo con el objeto de ser testigo durante las distintas etapas de elaboración del producto gráfico, así como en la entrega del producto al cliente final.
4. **Comparabilidad:** fruto de lo anterior, deben permitir la comparación entre los distintos subproductos obtenidos y el estándar asociado al cliente.

Actividades

7. Indique un ejemplo de prueba no válida para un contrato y explique el porqué.
8. Señale qué ocurre si el cliente no está conforme con el producto final y la empresa ha extraviado la prueba de contrato.

 Recuerde

Según Stanley Morison (Principios fundamentales de la tipografía -1929-), tipografía es el arte de disponer correctamente el material de imprimir, de acuerdo con un propósito específico: el de colocar las letras, repartir el espacio y organizar los tipos con vistas a prestar al lector la máxima ayuda para la comprensión del texto escrito verbalmente.

6. Aspectos legales de la contratación. Tipos de contrato y modalidades de adjudicación

Hay que partir de la definición de contrato como acuerdo de voluntades, verbal o escrito, realizado entre dos o más personas (físicas o jurídicas) con capacidad de contratar, cuya formalización genera una serie de derechos y obligaciones de una parte sobre la otra.

En el caso de la contratación para la realización de un producto gráfico, el contrato se basa en la relación entre dos partes, por la que una de ellas (propietario o autor del original) encomienda a la otra (empresa gráfica) la realización de la obra de un producto gráfico bajo unas determinadas condiciones.

6.1. Contenido del contrato

Este tipo de contrato ha de formalizarse por escrito, detallando ineludiblemente los siguientes puntos:

- Identificación de las partes.
- Denominación del objeto (producto gráfico) al que se refiere el contrato.
- Precio cierto y definido sobre el trabajo total prestado, así como detalle de su composición.
- Número máximo y mínimo de ejemplares que alcanzará la tirada.
- Forma de distribución de los ejemplares.
- Número de ejemplares reservados al autor.
- Plazo de puesta en circulación, bien a través de una fecha dada o de un plazo desde la firma del contrato.
- Plazo en el que el autor debe entregar el original para su tratamiento gráfico.

Si el producto gráfico es una obra literaria se han de añadir los siguientes elementos esenciales a la elaboración del contrato:

- Idioma o idiomas en los que se va a editar.
- Anticipo que la editorial hace al autor a cuenta de sus derechos como tal.
- La modalidad de edición, es decir, producto físico, digital, virtual, etc.

 Nota

Se considerará nulo cualquier contrato que no contenga los ejemplares entregados gratuitamente al autor y la remuneración del mismo. En términos generales, será nulo cualquier contrato de edición no formalizado por escrito.

En general, la empresa gráfica se obliga a realizar el producto gráfico respetando la composición total del original asociada al resto de condiciones del contrato. De otra parte, el propietario o autor se obliga a entregar el original (o copia exacta), así como realizar las revisiones y comprobaciones que fueran necesarias para el éxito del trabajo final.

Por tal razón, en el contrato han de quedar definidas las pautas para la revisión total o parcial por parte del autor respecto al resultado obtenido, así como los plazos destinados a cada una de ellas.

De igual forma, el autor podrá resolver el contrato, sin perjuicio propio, es decir, sin tener que someterse a penalizaciones económicas y jurídicas, en el caso de que el editor incumpla las obligaciones contenidas en el contrato.

En el caso de los contratos de edición con derecho de explotación de la obra, cuando se realiza una cesión de los derechos de explotación de una obra se establece un plazo máximo de quince años y un plazo supletorio. En el caso de que no se indique este plazo, el contrato se presume formalizado por cinco años.

6.2. Modalidades de adjudicación

Existen multitud de formas por las que una empresa accede a la elaboración de un determinado producto a través de la oferta presupuestaria para su realización. Entre las más importantes destacan:

- **Elección libre por parte del cliente:** este es el caso en el que el cliente busca la empresa, pide presupuesto y bajo sus criterios de decisión y comparación decide afrontar el proyecto con la entidad seleccionada.
- **Concurso:** esta modalidad se da cuando un cliente potencial, generalmente de carácter público, anuncia la intención de realizar un determinado trabajo. A raíz de esta publicación, las empresas interesadas aportan sus ofertas para optar al encargo de realización del trabajo.
- **Licitación:** este es un caso especial de adjudicación por el que se establece una relación entre empresa y cliente. En otras palabras, una empresa que se licita es aquella que es considerada como apta por parte del cliente para la realización de los trabajos encomendados, por lo que

la adjudicación de los mismos es más rápida ya que existe continuidad en la relación comercial.

- **Subasta:** es una modalidad similar al concurso, salvo que en este caso la adjudicación se realiza sobre aquella empresa productora que presente el menor coste presupuestario. Obviamente, las empresas mejor organizadas y más eficientes podrán realizar los mismos trabajos a costes menores que otras de peor eficiencia operativa y organizacional.

La elección de una u otra modalidad podrá ser libre o impuesta por alguna de las partes, si bien es cierto que el volumen del proyecto a adjudicar así como la empresa titular del mismo jugarán un papel fundamental a la hora de establecer una forma u otra de adjudicación.

6.3. Propiedad intelectual: derechos de textos e imagen

La Organización Mundial de la Propiedad Intelectual denomina propiedad intelectual como "toda creación del intelecto humano". Del concepto de propiedad nacen una serie de derechos de los autores que pretenden proteger sus intereses velando por el respeto hacia su obra, es decir, la garantía de que personas ajenas al mismo puedan explotarla sin su consentimiento. En términos operativos se puede afirmar que el derecho principal del autor es la potestad de control de sus creaciones.

El arte (literatura, pintura, escultura, música, etc.) tiene una enorme repercusión en este campo, pues la propiedad intelectual es la garantía de su creación, impidiendo su copia total o parcial, así como su difusión sin el conocimiento del autor o del poseedor de los derechos de autor de la misma.

La facilidad de copia (fotocopia, digitalización, etc.) de determinadas obras, como por ejemplo los libros, hace necesaria la existencia de un marco normativo que regule su manipulación, este marco normativo es el otorgado por Ley de Propiedad Intelectual.

Se trata de una ley de protección de las obras editoriales, que viene regulada en la Ley 23/2006, de 7 de julio, por la que se modifica el texto refundido de la Ley de Propiedad Intelectual contenida en el Real Decreto Legislativo

1/1996, de 12 de abril, por el que se aprueba el texto refundido de la Ley de Propiedad Intelectual, regularizando, aclarando y armonizando las disposiciones legales vigentes sobre la materia.

Este entramado legal, en su artículo 1, reconoce que la propiedad intelectual de una obra literaria, artística o científica corresponde al autor por el solo hecho de su creación.

El artículo 18 es el que presta el detalle de la "reproducción" de obras, que se entiende como "la fijación directa o indirecta, provisional o permanente, por cualquier medio y en cualquier forma, de toda la obra o de parte de ella, que permita su comunicación o la obtención de copias".

La distribución de las obras literarias queda redactada en el artículo 19 del siguiente modo:

1. Se entiende por distribución la puesta a disposición del público del original o de las copias de la obra, en un soporte tangible, mediante su venta, alquiler, préstamo o de cualquier otra forma.

2. Cuando la distribución se efectúe mediante venta u otro título de transmisión de la propiedad, en el ámbito de la Unión Europea, por el propio titular del derecho o con su consentimiento, este derecho se agotará con la primera, si bien solo para las ventas y transmisiones de propiedad sucesivas que se realicen en dicho ámbito territorial.

En general, en su articulado se desarrolla el abanico de materias que afectan a esta propiedad, y destaca también por su importancia el artículo 4, el que se refiere a la publicación y divulgación legal de una obra.

A efectos de lo dispuesto en la presente ley, se entiende por divulgación de una obra toda expresión de la misma que, con el consentimiento del autor, la haga accesible por primera vez al público en cualquier forma; y por publicación, la divulgación que se realice mediante la puesta a disposición del público de un número de ejemplares de la obra que satisfaga razonablemente sus necesidades estimadas de acuerdo con la naturaleza y finalidad de la misma.

En caso de infringir la pautas legales establecidas para su difusión y reconocer así la protección de los derechos reconocidos en esta ley, el Título Primero, referido a "Acciones y procedimientos", da cabida al artículo 138 sobre medidas cautelares.

El titular de los derechos reconocidos en esta ley, sin perjuicio de otras acciones que le correspondan, podrá instar el cese de la actividad ilícita del infractor y exigir la indemnización de los daños materiales y morales causados, en los términos previstos en los artículos 139 y 140. También podrá instar la publicación o difusión, total o parcial, de la resolución judicial o arbitral en medios de comunicación a costa del infractor.

Tendrá también la consideración de responsable de la infracción quien induzca a sabiendas la conducta infractora; quien coopere con la misma, conociendo la conducta infractora o contando con indicios razonables para conocerla; y quien, teniendo un interés económico directo en los resultados de la conducta infractora, cuente con una capacidad de control sobre la conducta del infractor. Lo anterior no afecta a las limitaciones de responsabilidad específicas establecidas en los artículos 14 a 17 de la Ley 34/2002, de 11 de julio, de servicios de la sociedad de la información y de comercio electrónico, en la medida en que se cumplan los requisitos legales establecidos en dicha ley para su aplicación.

Asimismo, podrá solicitar con carácter previo la adopción de las medidas cautelares de protección urgente reguladas en el artículo 141.

Tanto las medidas de cesación específicas contempladas en el artículo 139.1.h) como las medidas cautelares previstas en el artículo 141.6 podrán también solicitarse, cuando sean apropiadas, contra los intermediarios a cuyos servicios recurra un tercero para infringir derechos de propiedad intelectual reconocidos en esta ley, aunque los actos de dichos intermediarios no constituyan en sí mismos una infracción, sin perjuicio de lo dispuesto en la Ley 34/2002, de 11 de julio, de servicios de la sociedad de la información y de comercio electrónico. Dichas medidas habrán de ser objetivas, proporcionadas y no discriminatorias.

 Actividades

9. Señale qué se entiende por derecho de autor.
10. Defina el concepto de divulgación relacionado con la protección de una obra literaria en formato digital.

Como norma general, al autor posee el derecho en exclusiva de la reproducción y distribución de su obra, pero puede darse el caso de que no lo ejercite por sí mismo y lo ceda a un tercero bajo una relación contractual.

La Ley de Propiedad Intelectual contempla esta cesión pero establece una serie de limitaciones en tiempo, considerando un máximo de quince años para esta transmisión de los derechos de explotación sobre la obra, pudiendo ser renovados por acuerdo entre las partes tras la realización de un nuevo contrato.

 Aplicación práctica

Marquesa S. L. posee los derechos de autor de Verónica Catedrática desde hace catorce años. Marquesa S. L. manda una carta a Verónica Catedrática advirtiéndole de que legalmente al siguiente año cumplen los derechos y por tanto han de ser renovados.

Verónica Catedrática contesta diciendo que ella no quiere renovarlos porque prefiere cederlos a otra entidad.

- ¿Es correcta la postura de Verónica Catedrática?
- ¿Cuándo termina legalmente la cesión de derechos?

SOLUCIÓN

Es totalmente correcta puesto que la ley exige voluntariedad de las partes para la renovación de la cesión de los derechos de autor. En este caso, la propietaria de los derechos no quiere renovarlos.

Por lo tanto, la cesión ha de finalizar al cumplir los quince años tal y como marca el plazo máximo establecido por la ley.

 **Recuerde**

Los derechos de autor son hipotecables, en cambio, en caso de embargo, solo puede ejercitarse este derecho sobre las ganancias recibidas con carácter de salario, como, por ejemplo, el pago que una empresa hace por la explotación de tales derechos.

7. Resumen

Entender la contratación de la elaboración de un producto gráfico no es un hecho que revista sencillez, ni siquiera la estandarización en el proceso de contratación. La extensa variedad de productos editoriales hace que sea necesario establecer unas pautas de trabajo, tanto real como formal, y es imposible una generalización de procedimientos en la contratación.

La normativa internacional, europea y española, a través de su estructura institucional, se encarga de establecer una normalización general y voluntaria por parte de la empresa fabricante, de manera que venga a facilitar el trabajo de edición.

Soportes, colores, texturas, acabados y un largo etcétera serán los elementos que conformen una parte esencial del contrato: el presupuesto. Según las exigencias del cliente, la empresa fabricante requerirá la realización de una serie de acciones que conformarán la estructura presupuestaria.

De igual forma, la empresa gráfica se reserva el derecho de exigencia de unos condicionantes mínimos sobre la entrega de los originales por parte del cliente, así como la oferta de unas pruebas sobre el trabajo a realizar, con el objeto de minimizar los riesgos derivados de la relación contractual para ambas partes.

Ejercicios de repaso y autoevaluación

1. ¿Qué significado posee el acrónimo ISO?

    a. Organización Internacional para la Estandarización.

    b. Órgano de Estándares Organizacionales.

    c. Instituciones Sociales de Organización.

    d. Sistemas de Estandarización Organizacional.

2. ¿Qué significa UNE?

    a. Unión Naciones Europeas.

    b. Unión Europea de Naciones.

    c. Una Norma Europea.

    d. Todas las respuestas anteriores son incorrectas.

3. La prueba en el contrato sirve para...

    a. ... representar los rasgos principales del producto final.

    b. ... guía de referencia para la elaboración del producto.

    c. ... garantía para el cliente respecto al cumplimiento del contrato.

    d. Todas las opciones son correctas.

4. Pueden ser soporte de un producto gráfico...

    a. ... las tintas.

    b. ... los colores.

    c. ... el aluminio.

    d. ... los acabados.

5. El contrato debe contener...

    a. ... identificación de las partes.

    b. ... producto a elaborar.

    c. ... plazos de fabricación.

    d. Todas las opciones son correctas.

6. ¿Qué es la Asociación Española de Normalización (AENOR)?

_____
_____
_____
_____
_____
_____
_____

7. Defina sustrato de un producto gráfico.

_____
_____
_____
_____
_____
_____
_____

8. ¿Qué es un Densitómetro?

_____
_____
_____
_____

9. ¿Qué elementos puede contener principalmente un original?

_____
_____
_____
_____
_____
_____
_____

10. Indique los tipos principales de pruebas.

_____
_____
_____
_____
_____
_____
_____

11. Relacione un concepto de cada columna para que las cuatro relaciones resultantes tengan sentido.

     a. Propiedad
     b. Sustrato
     c. Acabado
     d. Maqueta

     __ Prueba
     __ Intelectual
     __ Papel
     __ Textura

12. Identifique los siguientes colores y ponga también su inicial.

13. Rellene los huecos para que el párrafo tenga sentido.

En este campo se realiza lo que se denomina _____, que son test que se aplican sobre el _____ y permiten obtener información sobre la concentración de color que tiene la obra. La utilidad de estas pruebas radica en la necesidad de revisar el resultado obtenido en la _____ con el objetivo de igualar los colores impresos lo más fielmente posible a los _____ o _____.

14. Indique sin son verdaderas o falsas las siguientes cuestiones. En el caso de que sean falsas, indique la razón.

a. Los adhesivos son pegamentos que forman parte de la composición y montaje de la obra y cuya intensidad de pegado va en función del tamaño y material de la obra.

☐ Verdadera
☐ Falsa

b. Se habla de soporte para hacer referencia a la fase del proceso de elaboración que se lleva a cabo sobre la superficie del producto, de manera que se establezca una serie de rasgos sobre la misma que caractericen esta superficie, no solo a nivel estético sino también de otros usos, como manipulación, almacenaje, protección, higiene y conservación.

☐ Verdadera
☐ Falsa

c. Las pruebas de color suponen dar un paso más sobre las anteriores puesto que se incluyen tipografías y ubicación de gráficos. Suelen ser muy similares a las anteriores.

☐ Verdadera
☐ Falsa

d. El semimate se da cuando el producto no reflecta luminosidad recibida pero sí la refleja, es decir, posee un brillo muy suave, casi imperceptible.

☐ Verdadera
☐ Falsa

15. **Localice los conceptos que responden a las siguientes definiciones en la sopa de letras.**

▮ Sinónimo de finalizado. El tacto del producto gráfico. ACABADO
▮ No sujeta nada pero lleva impreso el producto. SUSTRATO
▮ No es magenta ni cian, ni negro. AMARILLO
▮ Da forma legal a la relación entre empresa y cliente. CONTRATO
▮ Revisión de originales o... *PREFLIGH*
▮ Ley protección _____ de los derechos de autor. INTELECTUAL
▮ Texto escrito a mano. MANUSCRITO
▮ Similar a maqueta. PRUEBA
▮ Una norma española. UNE
▮ Tres letras marcan el inicio del nombre de la norma internacional. ISO

A	C	A	B	A	D	O	A	C	I	O	I
C	M	I	C	R	P	C	U	S	S	T	N
O	P	A	O	U	T	F	O	D	U	N	T
N	R	F	R	P	R	O	D	U	S	I	E
T	E	O	S	I	E	S	A	C	T	O	L
R	F	O	O	P	L	I	T	I	R	U	E
A	L	T	B	O	O	L	C	I	A	N	C
T	I	W	G	I	S	W	O	B	T	E	T
O	G	P	Y	R	I	G	H	T	O	N	U
O	H	E	R	A	T	P	R	U	E	B	A
M	A	N	U	S	C	R	I	T	O	A	L

Capítulo 2
Derechos de autor, editor, cliente

Contenido

1. Introducción

Es el momento de entrar en detalle de la propiedad de la obra que pretende ser editada. Para ello, este capítulo recopila el esquema conceptual del amplio campo de derechos de autor que existe en el marco legislativo nacional.

La justificación respecto de la intrusión dentro de esta unidad formativa del marco normativo que regula los derechos de autor en el mundo del producto gráfico nace de la necesidad de asegurar que el trabajo realizado responda a los estándares legales de la sociedad, así como de garantizar la protección de la originalidad de las obras realizadas y los derechos que se asocian a sus creadores.

La sociedad de la comunicación que impregna este inicio del siglo XXI añade un matiz aún más complejo al tratamiento de los derechos de autor y la protección de los mismos debido a que la edición digital se introduce en un campo que va más allá de la simple fotocopia total o parcial de una obra; se abre el abanico de posibilidades de manipulación y modificación.

Este capítulo no da soluciones a los problemas concretos que se puedan plantear, pero sí pone al servicio del lector un amplio abanico de herramientas y conocimientos que le permitan afrontar con soluciones eficaces los potenciales problemas que puedan existir en relación con la protección intelectual de las obras.

2. Tipos de autor

Según el Real Decreto Legislativo 1/1996, de 12 de abril, por el que se aprueba el texto refundido de la Ley de Propiedad Intelectual, regularizando, aclarando y armonizando las disposiciones legales vigentes sobre la materia, concretamente el artículo 5, Autores y otros beneficiarios, dentro del título II, Sujeto, objeto y contenido, desarrollado bajo el capítulo primero, Sujetos, se considera autor a la persona natural que crea una obra artística o científica y personas jurídicas bajo determinadas premisas definidas en la ley.

Se añade a esta demarcación del concepto de autor la denominada **presunción de autoría,** definida en el artículo 6 como la identificación de la persona que aparezca en la obra a través de cualquier signo de identificación fiel tal como firma, nombre o signo distintivo.

El mismo artículo 6, en su apartado 2, trata el caso especial del anonimato de las obras, diferenciando así obras anónimas y seudónimas como aquellas que se divulguen sin identificación del autor o bajo un signo (seudónimo), respectivamente. En este último caso, la persona o entidad que posee los derechos de explotación de la misma será aquella que la divulgue con consentimiento del autor, siempre y cuando no revele su identidad.

 Nota

Seudónimo es un concepto que hace referencia a la utilización de un nombre inventado para ocultar el verdadero de un autor de una determinada obra.

Los tipos de autores de un producto editorial se pueden clasificar de varias maneras. Una forma de clasificarlos es por el tipo de obra que producen.

Los principales tipos de autores de **productos editoriales** son:

- **Autores literarios:** estos autores producen obras literarias como novelas, cuentos, poemas, ensayos, etc.
- **Autores científicos:** estos autores producen obras científicas como libros de texto, artículos de investigación, etc.
- **Autores de no ficción:** estos autores producen obras de no ficción como biografías, autobiografías, etc.
- **Autores infantiles:** estos autores producen obras infantiles como cuentos, poemas, libros de aprendizaje, etc.

Otra forma de clasificar a los autores de productos editoriales es el **tipo de participación** en la obra, siendo los siguientes:

- **Autores principales:** estos autores son los autores principales de una obra y son responsables de su contenido.
- **Coautores:** estos autores contribuyen al contenido de una obra, pero no son los autores principales.
- **Traductores:** estos autores traducen obras de un idioma a otro.
- **Ilustradores:** estos autores crean ilustraciones para obras literarias, científicas, técnicas, etc.

Actividades

1. Indique quién puede ser poseedor de los derechos de autor.
2. Señale si existe siempre la generación de derechos de autor en la elaboración de una obra nueva.

C La vida de Lazarillo de Tormes: y de sus fortunas y aduersidades.

1554

Ejemplo de una de las obras anónimas de mayor éxito en el mundo literario: El Lazarillo de Tormes

 **Recuerde**

El Lazarillo de Tormes es una obra que muestra el reflejo de una sociedad desigual, de pobreza y miseria, donde el hambre y la necesidad hacía sobrepasar los límites de lo moral con el simple objetivo de sobrevivir. Es una novela española anónima, escrita en primera persona y en estilo epistolar.

2.1. Texto, imagen, colaboración y traducción

A raíz de las disposiciones de los artículos expuestos anteriormente, se habla de derechos de autor para referirse a las disposiciones exclusivas que el creador de una obra posee sobre la misma, así como de las acciones de explotación y difusión que se realizan sobre esta.

Concretando la tipología de obras sobre las que se consolidan los derechos de autor para su creador, se pueden distinguir los siguientes tipos de obras de autor.

Texto

Se conoce el texto como la composición alfanumérica que narra o describe un hecho e historia determinada que nace de la creación propia del autor. Para que sea considerado como obra debe tener una estructura lógica y una disposición organizada de ideas y/o procesos.

Son muy numerosas en cuanto al abanico de tipologías que presentan algunas de ellas. Según su temática pueden ser textos de ficción, didácticos, analíticos, etc.; según su estructura pueden ser textos escritos en prosa o en verso; según la forma literaria: novela, teatro o poesía; y un largo etcétera de clasificaciones sobre textos.

Según Teun van Dijk (1981), en un texto se encuentran las macroproposiciones, que son las ideas generales que se desprenden del mismo a nivel estructural y cuya originalidad está asociada a la creatividad del autor. Estas unidades ideológicas globales están coordinadas unas con otras otorgando así la coherencia general del texto.

De otro lado, en el texto se encuentran las microproposiciones, de tamaño inferior, que conforman las pequeñas ideas que incluyen las grandes líneas ideológicas o macrocomposición. En resumen, es un conjunto de oraciones que expresa una idea.

Ejemplo

Por ejemplo, en la biografía de Manoli, un personaje de ficción, se narra en distintos capítulos las diferentes partes de su vida (familia, trabajo, entorno social, etc.), y cada capítulo coincide con macrocomposiciones. Mientras que dentro de cada capítulo se exponen ideas más pequeñas que configuran microcomposiciones, como, por ejemplo, un día de trabajo o un relato sobre una cena en familia.

La Ley de Propiedad Intelectual actúa sobre la originalidad de la obra en los dos ámbitos expuestos, debido a que ambos se corresponden con diferentes ideas que han de gozar de un carácter totalmente novedoso.

Actividades

3. Indique ejemplos de microcomposiciones.
4. Encuadre los ejemplos de la actividad anterior en macrocomposiciones igualmente inventadas.

Imagen

La palabra imagen tiene su origen en el latín *imago,* y se define como la apariencia gráfica de un objeto a través de diversas técnicas como la pintura, la fotografía, el diseño por ordenador, etc.

Imagen tipo fotografía que representa la vista desde el balcón de una casa del poblado de Maro (Nerja)

Imagen tipo dibujo de un personaje irreal

El artículo 128 de la Ley de Propiedad Intelectual se encarga del tratamiento de los derechos de propiedad de las fotografías, atribuyéndolos a la persona que realiza la misma y, por lo tanto, tiene el derecho exclusivo de autorizar su reproducción, distribución y comunicación pública.

Nota

Las imágenes que se encuentran disponibles en internet no pueden ser utilizadas libremente en publicaciones propias porque muchas de ellas contienen el registro de los derechos de autor que definen su propiedad.

Respecto a la duración del derecho se define un horizonte temporal de veinticinco años computados desde el día 1 de enero del año siguiente a la fecha de realización de la fotografía o su reproducción, ya sea digital o impresa.

Ejemplo de imagen diseñada informáticamente (© Fotografía: Elektron Vía Wikimedia Commons - CC BY)

Documentos texto-imagen

Son muy numerosos los productos gráficos que, bien en su totalidad o bien en una parte de ellos, presentan una estructura de textos e imágenes combinada, o realizados sobre un mismo objeto gráfico (por ejemplo, un dibujo con texto escrito) o como dos objetos complementarios del mismo mensaje.

Si ambos presentan la misma autoría o propietario se presentan como una sola fuente de generación de derechos de autor; en cambio, si la combinación del texto y la imagen responde a autores distintos son dos fuentes independientes de derechos de autor y darían lugar a lo que se tratará más adelante como colaboración.

Ejemplo de combinación de texto e imagen en forma de dibujo donde ambas responden al mismo autor. (© Fotografía: Jamess_W / Shutterstock.com)

Ejemplo de producto gráfico donde texto e imágenes pueden pertenecer a distintos autores (fotógrafo y periodista), generando así dos derechos de autor en un mismo producto gráfico (© Fotografía: Andrea Balzano Vía Flickr - CC BY).

Colaboración

La colaboración supone la puesta en común de fuerza de trabajo y capacidad creativa individual en un grupo para la elaboración de una obra en común.

En la elaboración de un producto editorial puede darse una doble perspectiva: la colaboración que no supone titularidad compartida de la obra y aquella otra colaboración, reconocida en la Ley de Propiedad Intelectual, que supone la titularidad compartida de la obra.

En el primer caso, se habla de colaboración en la elaboración de un producto digital para aquellas acciones realizadas por terceros ajenos a la titularidad de la obra cuyo nombre y aportación a la misma queda identificado y reconocido como tal, pero cuya aportación no supone titularidad parcial de la obra. Se trata de contribuciones en forma de ayuda a la elaboración de la misma. Estas colaboraciones que no revisten autoría de la obra suelen ser opiniones de expertos, referencias de estudios externos realizados, etc.

En cambio, la Ley de Propiedad Intelectual desarrolla un punto importante al respecto de la colaboración, considerando la posibilidad de hacer una obra fruto de la contribución de varios autores. Este es el caso de la **obra en colaboración,** desarrollada en el artículo 7, que es el resultado unitario del trabajo de varios autores; en este caso, los derechos de la obra son propiedad de todos los autores participantes, siendo necesario el acuerdo de todos ellos para la explotación y divulgación de la obra.

Para el caso concreto de estas obras, si existe falta de campo normativo de la Ley de Propiedad Intelectual se aplicarán los preceptos marcados por el Código Civil para la comunidad de bienes.

Entre los motivos más importantes, las obras en colaboración suelen abarcar varios campos conceptuales o varios prismas sobre el objetivo principal de la publicación. Suponen la construcción única y coherente de las distintas aportaciones de los autores colaboradores.

 **Aplicación práctica**

Alberto pretende realizar una obra sobre desarrollo sostenible enfocada a estudiantes universitarios del territorio nacional. Él es licenciado en Ciencias Ambientales, pero la obra requiere la elaboración de una parte sobre la repercusión económica del tema en la sociedad. Para ello, echa mano de su colega Emilio, licenciado en Económicas y Empresariales para que realice su aportación a la obra. En el desarrollo de la misma, y tratando el papel de la Administración Pública, recurren al encargo de un estudio técnico a su amiga Belén, licenciada en Ciencias Políticas, para que les aporte información de acuerdo a las acciones que los poderes públicos realizan para contribuir a la protección del medioambiente. Por este estudio Belén les cobra un importe de 3.000 € y la identificación de su nombre como autora del estudio.

Identifique los tipos de colaboraciones que se han realizado e indique las repercusiones de las mismas sobre los derechos de autor.

SOLUCIÓN

Alberto y Emilio son los autores de la obra en colaboración y ambos deben consentir tantas acciones como puedan darse para la difusión y explotación conjunta de la obra.

En cambio, Belén realiza una colaboración en la obra por la cual cobra un importe determinado (3.000 €).

Alberto y Emilio quedan sometidos a la Ley de Protección Intelectual y las consecuencias que de ella se deriva para las obras en colaboración.

Belén, no es autora de la obra, y por lo tanto no hay derechos de autor para ella en la difusión y explotación de esta. Ella es la autora única de su estudio realizado y mencionado en la obra.

Traducción

En términos generales, la traducción supone el cambio de idioma de una obra sin romper con la estructura ideológica y argumental del original.

La traducción de la obra realizada por un tercero no supone la creación de una nueva autoría, ni nuevos derechos de autor sobre la obra resultante en el nuevo idioma al que ha sido traducida.

El tratamiento que la Ley de Propiedad Intelectual realiza sobre este respecto viene regulado en el artículo 11, Obras derivadas, en la forma que a continuación se expone:

Sin perjuicio de los derechos de autor sobre la obra original, también son objeto de propiedad intelectual:

1. Las traducciones y adaptaciones.

2. Las revisiones, actualizaciones y anotaciones.

3. Los compendios, resúmenes y extractos.

4. Los arreglos musicales.

5. Cualesquiera transformaciones de una obra literaria, artística o científica.

 Actividades

5. Señale qué tipo de elementos se encuentran en un cómic.
6. En sus palabras, exponga qué entiende por una obra derivada.

3. Tipo de obra

Igualmente importante para el estudio de este marco conceptual es el conocimiento del objeto de los derechos de autor. En términos generales, se habla de la obra sobre la que recae la protección derivada de los derechos de autor. La Ley de Propiedad Intelectual considera los siguientes tipos de obras en su capítulo II:

1. **Obras y títulos originales (artículo 10):** se señala que son objeto de propiedad intelectual todas las creaciones originales literarias, artísticas o

científicas expresadas por cualquier medio o soporte, tangible o intangible, actualmente conocido o que se invente en el futuro.

De manera que quedan incluidos en este concepto los libros, folletos, escritos, discursos, composiciones musicales, las coreografías, las obras teatrales, obras cinematográficas, esculturas, pinturas, dibujos, grabados, litografías y las historietas gráficas, planos, maquetas y diseños de obras arquitectónicas y de ingeniería, gráficos, mapas, programas informáticos, etc.

De igual forma, también se consideran objeto de los derechos de autor los títulos originales de las obras, y quedan protegidos como parte de la obra.

2. **Obras derivadas (artículo 11):** del anterior marco de definición se pueden considerar otros derechos de autor derivados de traducciones, adaptaciones, actualizaciones, extractos, resúmenes y demás trabajos sobre la obra original, que mantengan al menos una parte original de la misma.

3. **Colecciones. Bases de datos (artículo 12):** la ley igualmente considera un tipo especial de obras y por tanto generadoras de derechos de autor las colecciones de obras ajenas, de datos o de otros elementos independientes como las antologías y las bases de datos, debido a que la peculiaridad de su forma o estructura o rasgos básicos le confieren el carácter de obra original en su conjunto.

Por el contrario, existe una serie de obras que este marco normativo contempla como exclusiones de la propiedad intelectual. Este es el caso de las disposiciones legales, resoluciones de los tribunales de justicia, así como dictámenes de organismos públicos y los tratamientos y modificaciones sobre los mismos.

 Nota

Las obras protegidas por *copyright* en Estados Unidos en 1790 eran solo los mapas, cartas de navegación y libros, pero no impedía las traducciones o adaptaciones de los mismos.

3.1. Individual, colectiva y de empresa

La elaboración de una obra puede hacerse de manera individual o colectiva. Por esta razón, se habla de los siguientes tipos de obras según el número de autores que la poseen:

- **Obra individual:** se trata de una obra realizada por una sola persona física, que manifiesta su autoría y da prueba de su originalidad.
- **Obra colectiva:** es aquella obra cuya elaboración ha requerido de la intervención de dos o más autores y donde existe un reconocimiento mutuo de este hecho.
- **Obra de empresa:** se trata del caso especial de obras cuya titularidad reside en una persona jurídica. Al ser un caso especial, reviste un tratamiento específico por parte de esta ley.

 Actividades

7. Indique la diferencia entre una obra colectiva y una de empresa.
8. Señale qué se entiende por colección.

El artículo 8 trata el caso especial de la **obra colectiva,** definiéndola y enmarcándola legalmente como sigue:

Se considera obra colectiva la creada por la iniciativa y bajo la coordinación de una persona natural o jurídica que la edita y divulga bajo su nombre y está constituida por la reunión de aportaciones de diferentes autores cuya contribución personal se funde en una creación única y autónoma, para la cual haya sido concebida sin que sea posible atribuir separadamente a cualquiera de ellos un derecho sobre el conjunto de la obra realizada. Salvo pacto en contrario, los derechos sobre la obra colectiva corresponderán a la persona que la edite y divulgue bajo su nombre.

El último de los tipos tratados en este apartado se desarrolla en el artículo 9 y es el relativo a la obra compuesta e independiente, considerándose como tal aquella obra nueva que incluya una obra preexistente, para lo cual es necesaria la aprobación del autor de la obra ya creada.

 Aplicación práctica

Bernardo ha decidido escribir un libro de gramática inglesa para alumnos españoles. Su alto volumen de trabajo exige demasiado tiempo a este por lo que ha de recurrir a Matilde, una compañera de la facultad para que le ayude. Matilde conoce una pequeña publicación muy buena sobre el tratamiento de los verbos irregulares y, tras comentarlo con Bernardo, deciden incluirlo como un capítulo de su obra. El resultado es un éxito y Bernardo y Mati se reparten grandes rendimientos.

Identifique los distintos derechos de autor existentes en el caso práctico.

¿Qué casos especiales de tratamiento de derechos de autor se dan en la obra?

SOLUCIÓN

Hay derechos de autor de Bernardo, Matilde y el autor de la obra preexistente que ellos utilizan como parte de su obra.

Obra en colaboración: son los derechos de autor de una única obra sobre dos autores: Bernardo y Matilde.

Obra compuesta: al incluir en el libro nuevo una obra ya publicada como parte del producto total. Requiere la aceptación de autor original.

4. Derechos

El hecho generador que da luz a los derechos de autor es la propiedad de una persona o grupo de ellas sobre una obra por su elaboración original. Esta propiedad de la obra, sea individual o compartida, genera en los creadores la habilidad y facultad para decidir sobre las acciones futuras de la misma, es decir, su desacuerdo respecto a cualquier acción sobre la obra supone el freno a la misma o, en caso de realizarse esta a pesar de la negativa de alguno de sus autores, una acción delictiva.

El contenido de estos derechos viene regulado en la Ley de Propiedad Intelectual, definiéndose que:

La propiedad intelectual está integrada por derechos de carácter personal y patrimonial, que atribuyen al autor la plena disposición y el derecho exclusivo a la explotación de la obra, sin más limitaciones que las establecidas en la ley.

Respecto a sus características, los derechos de autor responden a tres premisas básicas de general aplicación a todos ellos:

- **Son independientes:** es decir, la posesión de unos derechos de autor no están vinculados a otras personas, solo se vinculan con la obra creada generadora de los derechos. No es necesaria la existencia de un tercero que permita el ejercicio de los mismos.
- **Son compatibles:** la posesión de los derechos de una determinada obra, por ejemplo un libro de cuentos para niños, no impide la posesión de otros derechos de autor sobre otra obra, como, por ejemplo, una pintura al óleo.
- **Son acumulables:** fruto de lo anterior, y debido a su carácter patrimonial, una misma persona (autor) puede poseer derechos de autor sobre tantas obras como haya realizado, sin existir un límite legal de estos en una misma persona.

Entre las facultades que otorgan los derechos de autor sobre la obra que los genera se encuentran los siguientes:

- **Publicación:** realizar su exposición para el acceso de terceras personas a su contenido o parte del mismo. Este hecho esta referido a la primera acción de exposición de la obra en cuestión.
- **Divulgación:** realizar acciones que fomenten su audiencia pública sea o no con ánimo de lucro, como la emisión de ejemplares al mercado, su exposición en un espacio de acceso público como, por ejemplo, una página web de acceso abierto a todos los usuarios.

- **Derecho moral:** se trata de los derechos de decisión sobre la manipulación de la obra en el entorno social y económico. Acciones como decidir sobre su publicación y divulgación, sobre la estructura y composición de la misma, hacer referencia al autor o autores en la misma o retirar la publicación en su caso son ejemplos de actuaciones derivadas de los derechos morales de autor.

- **Derecho exclusivo de explotación:** sobre el poseedor de los derechos de autor recaen las acciones de explotación de la misma, es decir, de comercialización de la obra; esta comercialización puede ser realizada en nombre propio o delegada bajo contrato legal a un tercero, como, por ejemplo, una empresa editorial.

- **Reproducción:** la Ley de Propiedad Intelectual entiende por reproducción "la fijación directa o indirecta, provisional o permanente, por cualquier medio y en cualquier forma, de toda la obra o de parte de ella, que permita su comunicación o la obtención de copias"; por tanto, estas decisiones sobre la obra corresponden a la personas o personas poseedoras de los derechos de autor.

- **Distribución:** la distribución se conforma por el conjunto de acciones que tienen como finalidad poder disponer la obra para el acceso del cliente final a la misma, a través de la venta, préstamo, acceso, alquiler o cualquier acción comercial derivada de su uso.

- **Económicos:** será el poseedor de los derechos de autor el titular de los beneficios generados por la explotación de la obra salvo en el caso de la existencia de un tercero para la explotación, en cuyo caso la titularidad de los beneficios quedará recogida en el contrato.

- **Comunicación pública:** se da cuando la obra se expone para ser vista en un ámbito abierto sin que exista distribución de ejemplares. Ejemplo de ello es la exposición de un cuadro en un museo, una obra de teatro, una película emitida en un cine, etc.

- **Transformación:** este derecho se refiere a la manipulación del contenido de la obra, por ejemplo, traducción, adaptación y modificación total o parcial, entre otros.

Esquema de las facultades que otorgan los derechos de autor
sobre una determinada obra

El poseedor de los derechos de autor podrá ejercer cada uno de ellos en el momento oportuno y de acuerdo a los preceptos legales establecidos tanto en el marco de la Ley de Propiedad Intelectual, como en los del Código Civil y Código de Comercio vigentes.

 ## Actividades

9. Señale qué diferencia existe entre publicación y divulgación de una obra.
10. Lleve a cabo una diferenciación entre los dos conceptos anteriores del de comunicación pública de una obra, respecto a los derechos otorgados por la autoría de la misma.

Por otro lado, existe una serie de excepciones que la Ley de Propiedad Intelectual contempla en los campos de la docencia, la investigación y la cultura. Algunas de las más importantes se citan a continuación:

- El uso de obras o fragmentos de las mismas para su estudio y análisis siempre que se cite su autor y la fuente de donde se ha obtenido.
- La reproducción de una obra o partes de la misma con objeto de investigar sobre ellas o contribuir a su mejor conservación, siempre y cuando estas actividades no tengan ánimo de lucro.
- El empleo de obras o alguno de sus fragmentos como acompañamiento de una explicación docente siempre que no forme parte de libros de texto o manuales.
- La actividad bibliotecaria, es decir, la acción de préstamo de obras a lectores para su devolución sin reproducción de las mismas.

El objetivo de estas excepciones de la ley es el fomento del conocimiento de las obras y los valores o ideales incluidos en ellas, sin incurrir en un carácter lucrativo o contrario a los derechos generales de autor.

4.1. Temporales y de obra

La importancia de los derechos de autor sobre una determinada obra se asocia a su creador por un periodo, que aunque se prolonga sobre toda su vida está determinado temporalmente una vez finalizada esta, es decir, un periodo que empieza a contar desde la muerte o declaración de fallecimiento del autor o autores de la obra.

Respecto a la duración de los derechos de autor, la normativa actual establece que los derechos de explotación de la obra "durarán toda la vida del autor y setenta años después de su muerte o declaración de fallecimiento".

En el caso de los derechos de explotación de las obras anónimas o seudónimas, su duración será de setenta años desde su divulgación legal, siempre y cuando, antes de finalizado este plazo no se conozca la autoría de la obra, en cuyo caso se establecerá la duración ordinaria de los derechos de autor.

Si la obra es publicada sin estar sujeta a la legislación vigente su duración será de setenta años a contar desde la fecha de su elaboración.

Por su parte, en el caso concreto de las obras en colaboración y colectivas, estas tendrán una duración que abarque toda la vida de los coautores y setenta años desde la muerte del último coautor; por lo que puede darse el caso que estos derechos se prolonguen más allá de setenta años desde la muerte de alguno de los coautores, ya que el punto de partida para estos derechos póstumos lo marca la muerte del último autor.

 Importante

El plazo de protección se iniciará el día 1 de enero del año siguiente al de la declaración de fallecimiento del autor o al de la divulgación lícita de la obra.

5. Resumen

El trabajo con material gráfico generado a raíz de la creatividad y el trabajo de su autor, unido a la vulnerabilidad que hoy día presentan este tipo de productos respecto a su reproducción ilegal, hace necesario el conocimiento del marco normativo que rodea a los derechos de autor.

La Ley de Propiedad Intelectual es la encargada de desarrollar el campo legislativo que afecta a todos y cada uno de los puntos a los que está sujeta la creación y difusión de obras gráficas.

A su vez, se contemplan los diferentes tipos de obras que pueden darse en relación a su autoría: individuales, colectivas de colaboración de varios autores, etc.

La obra es el hecho generador de los derechos de autor sobre sus creadores; derechos que se presentan en una amplia variedad de acciones como difusión, publicación y explotación, entre otras; y derechos que se mantendrán durante la vida de los autores y en un periodo estipulado tras su fallecimiento.

En términos generales, se trata de identificar las obras originales como propiedad patrimonial de sus autores, reconociéndole así a estos las facultades que poseen sobre su propiedad intelectual.

Ejercicios de repaso y autoevaluación

1. **La ley que regula los derechos de autor es:**

    a. Ley de Protección Intelectual.
    b. Ley de Prevención De Riesgos Laborales.
    c. Ley de Propiedad Intelectual.
    d. Ley de Defensa Del Consumidor.

2. **El derecho moral de una obra es:**

    a. El derecho de decisión sobre la manipulación de la obra en el entorno social y económico.
    b. El respeto al autor en el sentido de prohibir las críticas en relación al contenido de la obra.
    c. El derecho a la intimidad del autor y de toda su familia.
    d. El derecho que contienen solamente obras religiosas y de alto contenido moral.

3. **Los textos pueden ser de diferentes tipos, excepto...**

    a. ... los manuscritos.
    b. ... los impresos.
    c. ... los dibujos.
    d. Todos las opciones son correctas.

4. **Una obra en la que no se identifica el autor es:**

    a. Nula.
    b. Inexistente.
    c. Anónima.
    d. Seudónima.

5. **Las imágenes incluyen diferentes variedades, y un ejemplo de ellas son:**

    a. Fotografías.
    b. Dibujos.

    c. Diseños informáticos.

    d. Todas las opciones son correctas.

6. **Indique brevemente qué es un seudónimo.**

_____

_____

7. **¿Qué es el derecho exclusivo de explotación?**

_____

_____

_____

_____

8. **Indique dos excepciones que la Ley de Propiedad Intelectual considera respecto al campo de la docencia.**

_____

_____

_____

_____

9. **¿Qué se entiende por comunicación pública de la obra?**

_____

_____

_____

_____

10. **Defina obra colectiva.**

_____

_____

11. **Complete los espacios marcados para que el párrafo en su totalidad tenga sentido acorde con la materia tratada en el capítulo.**

Según el _____, de 12 de abril, por el que se aprueba el texto refundido de la _____, regularizando, aclarando y armonizando las disposiciones legales vigentes sobre la materia, concretamente el _____, de Autores y otros beneficiarios, dentro del título II, Sujeto, objeto y contenido, desarrollado bajo el _____, Sujetos, se considera autor a la _____ que crea una obra artística o científica y _____ bajo determinadas premisas definidas en la ley.

12. **Indique sin son verdaderas o falsas las siguientes cuestiones. En el caso de que sean falsas, indique la razón:**

   a. Una obra individual es aquella realizada por una sola persona física que manifiesta su autoría y da prueba de su originalidad.

   ☐ Verdadera
   ☐ Falsa

   b. Los derechos de autor son dependientes, compatibles y acumulables.

   ☐ Verdadera
   ☐ Falsa

   c. Según la Ley de Propiedad Intelectual, la reproducción se entiende como la fijación directa o indirecta, provisional o permanente, por cualquier medio y en cualquier forma de toda la obra o de parte de ella, que permita su comunicación o la obtención de copias.

   ☐ Verdadera
   ☐ Falsa

   d. Respecto a la duración de los derechos de autor, la normativa actual establece que los derechos de explotación de la obra durarán toda la vida del autor y setenta años después de su muerte o declaración de fallecimiento.

   ☐ Verdadera
   ☐ Falsa

13. **Relacione un concepto de cada columna para que las cuatro relaciones resultantes tengan sentido.**

    a. Propiedad
    b. Colaboración
    c. Derecho
    d. Excepción

    __ Docencia
    __ Colectiva
    __ Intelectual
    __ Moral

14. **Complete la siguiente figura relativa a los derechos derivados de la propiedad intelectual de una obra.**

15. Complete en horizontal el siguiente cuadro de acuerdo a la información proporcionada.

1. Se dice de la acción de dar a conocer una obra, de difundirla.
2. Facultad de los autores legales de la obra para comercializarla en distintos mercados.
3. Puede ser manuscrito, en prosa o en verso. Iniciales de la ley que regula los derechos de autor.
4. Acción matemática que es característica de los derechos de autor.
5. Poseedor de los derechos de propiedad intelectual sobre la obra.
6. Se dice de la comunicación de una obra cuando esta es exhibida.
7. Lo que no hacen los derechos de autor entre sí, como una de sus principales características.
8. Periodo tras el fallecimiento del autor que se mantiene la propiedad de los derechos. Lo que no se puede hacer con un libro sin autorización ni siquiera en blanco y negro.
9. Puede ser una fotografía, un dibujo o un diseño informático.
10. Dícese de la propiedad de una obra cuando es realizada por varios autores.

	1	2	3	4	5	6	7	8	9
1									■
2	■								
3						■			
4									■
5						■	■	■	■
6	■								■
7	■								
8			■						
9							■	■	■
0									

Capítulo 3

Presupuestos de productos editoriales

Contenido

1. Introducción

Avanzar por el camino del conocimiento de los componentes económicos de la industria gráfica requiere una parada obligatoria para tratar aquellos elementos que conforman la estructura de coste del producto editorial.

Este capítulo del manual se va a centrar en conocer exhaustivamente los distintos elementos que conforman el coste y el ingreso de un proyecto determinado, desde su definición hasta su utilidad de análisis, pasando por su clasificación y diferenciación, así como los principales métodos de estimación.

La justificación de su estudio radica en la premisa de la evaluación de la factibilidad del mismo como paso previo a la elaboración efectiva del producto. El conocimiento de los costes que conlleva la elaboración de un proyecto editorial, así como los ingresos asociados, da una idea de acometimiento, desistimiento o modificación de los parámetros de su diseño.

Por último, en el estudio de este manual se introducen los elementos temporales que afectan a la estructura del presupuesto, siempre teniendo presente el dinamismo del mercado y en vista a la eficiencia y eficacia de la gestión del proyecto editorial.

2. Introducción al estudio de costes

La sociedad actual es capitalista y utiliza la moneda como medio de cambio para la adquisición de bienes y servicios, donde la parte adquiriente debe entregar una cantidad determinada a la parte vendedora a cambio de la entrega de un bien o servicio determinado.

Esta transacción, en la que una parte compradora realiza una aplicación de sus recursos en la adquisición de un determinado producto, se concreta en un coste para el comprador y un ingreso para el vendedor.

Pero el coste, generalmente asociado al dinero, no solo se mide en unidades monetarias, este puede ser medido en otras magnitudes como, por ejemplo, el tiempo.

Según la Real Academia Española de la Lengua coste es: "El gasto realizado para la obtención o adquisición de una cosa o de un servicio". Esta definición aplicada a la ciencia económica se ha de ampliar como: desembolso de fondos destinados a la adquisición de un producto o servicio, donde se produce un intercambio definitivo de los fondos, es decir, es un desembolso irrecuperable.

 Ejemplo

Un gasto sería el pago de la factura eléctrica, puesto que una vez pagada por el consumo realizado es imposible devolver el consumo eléctrico a cambio del dinero aportado para su pago.

Su condición de irrecuperable lo hace distinguirlo del concepto de inversión. Invertir es desembolsar recursos para la adquisición de bienes que conforman el patrimonio del comprador, de manera que se trata de convertir recursos en otros activos patrimoniales.

 Nota

Un activo patrimonial es todo bien y derecho que representa una aplicación de fondos realizada por una persona física o jurídica y que posee un valor en el mercado.

Así pues, una de las principales metas de una persona que realiza una inversión es la obtención de rentabilidad. La rentabilidad es la diferencia entre el desembolso realizado en su adquisición y el beneficio que reporta su venta o uso.

Actividades

1. Indique la diferencia entre gasto e inversión.
2. Compare el concepto de rentabilidad con el de beneficio empresarial y señale qué diferencias encuentra.

2.1. Costes de estructura

A la hora de tratar la afectación de los costes empresariales al producto elaborado se tienen en cuenta varios criterios para su diferenciación. Concretamente, en la clasificación de los costes en cuanto a su afectación al volumen de producción, entendido este como la cantidad de producto que la empresa va a producir o sencillamente que está asociado a un producto, se distinguen los siguientes tipos:

- **Costes de estructura o costes fijos.** Son aquellos costes que la entidad tiene por su propio funcionamiento empresarial, independientemente del volumen de producción. Se denominan de estructura porque se asocian directamente al correcto funcionamiento de la dinámica organizacional. Por ejemplo, el seguro de las instalaciones del almacén.
- **Coste fijo unitario.** Esta medida de coste se refiere a la atribución de los costes de estructura a una unidad producida, por lo que este será menor cuanto mayor es el número de unidades producidas, puesto que al ser una cantidad fija esta disminuye cuanto mayor es el número de unidades a repartir.
- **Costes semifijos.** Son aquellos costes que se mantienen invariables para un determinado número de unidades producidas; a partir de ahí crece para mantenerse constante hasta otro nuevo nivel de variación.
- **Costes variables.** Son aquellos que están asociados directamente con el volumen de unidades producidas o la dimensión del proyecto editorial. Por ejemplo, el coste de la encuadernación de una nueva entrega de una saga editorial.

■ **Coste total.** Es la suma de coste variable y coste fijo, y supone la suma global de costes de la empresa en un periodo determinado: el ejercicio económico.

Nota

El ejercicio económico es el periodo que la empresa necesita para llevar a cabo un ciclo completo de su proceso de producción. Por regla general, suele coincidir con el año natural, aunque no siempre es así, y pueden darse periodos diferentes según el sector de actividad.

Los costes de estructura, en su relación con los costes variables, y en su contribución al coste empresarial total, quedan reflejados gráficamente en la siguiente figura:

Comparación gráfica de los costes, donde el eje vertical muestra las unidades monetarias y el horizontal las unidades físicas que va produciendo la empresa

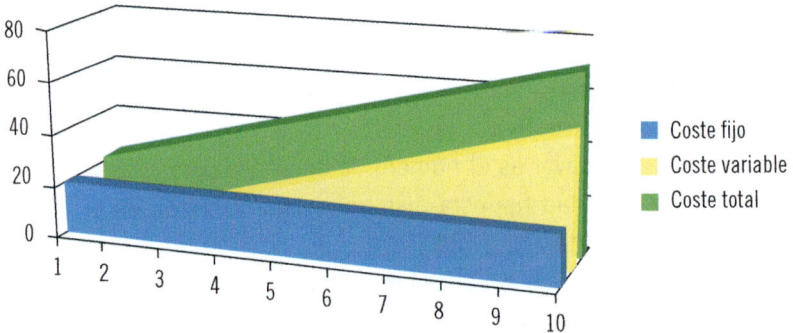

A la vista del gráfico, se puede comprobar cómo los costes de estructura o costes fijos, representados por el color azul, muestran una evolución uniforme independientemente del número de unidades vendidas por la empresa (eje horizontal).

En cambio, el coste variable es cero para la empresa que aún no ha producido nada y va aumentando a medida que esta va produciendo un mayor número de unidades de producto.

Como suma de ellos, la línea que representa los costes totales es el resultado de superponer el área de costes fijos sobre la de costes variables, dando así lugar al montante final de costes totales de la empresa.

 Actividades

3. Señale qué relación existe entre coste total y coste fijo.
4. Siendo el coste fijo de un proyecto de 1.000 €, averigüe cuánto es el coste total para 0 unidades producidas.

 Aplicación práctica

La empresa editorial Xira S. L. inició su actividad hace un año. Para ello, alquiló una nave industrial y una maquinaria por un importe anual de 1.000 €, que le otorgan una capacidad de producción de 140.000 productos al año. La empresa fabrica diccionarios de ruso y cada uno le supone un coste variable unitario de 20 €. Un pedido de 200.000 diccionarios le hizo a principios de año tener que alquilar una nave y maquinaria adicional para llevar a cabo este volumen de producción por importe de otros 1.000 € al año.

Según el enunciado, ¿cuáles eran los costes de estructura antes del nuevo pedido? ¿Y después?

¿Se podría hablar de costes semifijos?

Si ha producido 340.000 diccionarios en total, tras el nuevo pedido, ¿cuál es el coste fijo unitario? ¿Cuál era el coste unitario antes del pedido?

Comente la evolución del coste fijo unitario.

Continúa en página siguiente >>

<< Viene de página anterior

SOLUCIÓN

Los costes de estructura antes del nuevo pedido eran 1.000 € correspondientes al alquiler. Tras la ampliación los costes son de 1.000 € más, por tanto 2.000 €.

En concreto, esta partida de alquiler sí responde a la definición de costes semifijos porque se mantienen constantes para un determinado volumen de producción y a partir de él crecen para volver a quedar constantes. Están relacionados con el volumen de producción pero no varían proporcionalmente al mismo.

El coste fijo unitario sería de 0,0059 €/producto tras la ampliación (2.000 € / 340.000 unidades). El coste fijo unitario antes de la ampliación era de 0,0071 €/unidad (1.000 € / 140.000 unidades).

El coste fijo unitario desciende al aumentar el número de unidades producidas ya que su reparto es mayor. Con la salvedad de que, en este caso, el coste de estructura aumenta al sobrepasar un determinado volumen de producción, pero aun así el coste fijo unitario se reduce, pues la ampliación de las unidades producidas es superior a la del coste fijo.

2.2. Cuenta de resultados

La cuenta de resultados es el documento contable que muestra, para un ejercicio económico, la suma total de costes e ingresos obtenidos y desglosados según la normativa contable actual: **Plan General de Contabilidad.** Esta normativa tiene por objetivo principal la presentación de la información contable de forma clara, transparente y común para todas las empresas españolas.

 Importante

El Plan General de Contabilidad es la normativa para la realización de la contabilidad empresarial. Su última actualización corresponde al Real Decreto 1514/2007, de 16 de noviembre.

Esta normativa contempla una agrupación de elementos patrimoniales en forma de grupos, y cada grupo contiene una serie de subgrupos, siendo las cuentas y subcuentas las que conforman el contenido de cada subgrupo.

En concreto, los costes de la cuenta de resultados quedan reflejados en el **Grupo 6, Compras y Gastos,** y la clasificación que de ellos se hace se corresponde con el siguiente esquema:

- **60. Compras:** refleja los desembolsos de la empresa relacionados con la adquisición de materiales de gestión corriente que son consumidos por el proceso de producción en el ejercicio económico.
- **61. Variación de existencias:** se reflejan los desfases producidos entre las unidades que la empresa posee según su planificación económica y las que realmente hay en almacén. Esta cuenta aparece cuando en almacén hay menos unidades de las que indican los datos económicos registrados, y de esta manera se contribuye a la imagen fiel de la empresa puesto que se igualan los datos teóricos con los reales.
- **62. Servicios exteriores:** son aquellos desembolsos que la empresa realiza para el pago de servicios profesionales del exterior.
- **63. Tributos:** responden a los gastos de obligatorio cumplimiento de acuerdo al marco legal en el que desarrolla la actividad empresarial.
- **64. Gastos de personal:** se corresponden con los gastos relativos al mantenimiento de los recursos humanos de la empresa, tanto los que van directamente a ellos, como los que en su nombre se destinan a otro lugar (pago de la seguridad social del trabajador).
- **65. Otros gastos de gestión:** es el "cajón" donde se introducen aquellos gastos de gestión corriente no introducidos en apartados anteriores ni posteriores de esta clasificación.
- **66. Gastos financieros:** son aquellos gastos en los que las empresas incurren por el hecho de obtener financiación para su negocio, tales como intereses de deudas, por ejemplo.
- **67. Pérdidas procedentes de activos no corrientes y gastos excepcionales:** en este subgrupo se incluyen todos aquellos gastos que la empresa debe afrontar de manera imprevista, se corresponden con gastos extraordinarios.
- **68. Dotaciones para amortizaciones:** esta partida de coste representa todos aquellos importes que reconocen la pérdida de valor de los activos no corrientes de la empresa.

- **69. Pérdidas por deterioro y otras dotaciones:** se trata del grupo que recoge aquellas pérdidas empresariales no previstas que suponen coste para la empresa; por ejemplo, reconocer por pérdida la deuda que un cliente tiene con la empresa.

El actual Plan General Contable desglosa todos y cada uno de estos subgrupos en cuentas y subcuentas según el desglose de las partidas de gastos que conforman cada división.

La contabilidad empresarial distingue dos modalidades temporales: corriente, para referirse a los que sucede en un ejercicio económico, normalmente un año; y no corriente, para referirse a aquellas actividades cuya duración se extiende más allá de un ejercicio económico.

De otro lado, la cuenta de resultados está compuesta por una serie de ingresos que quedan clasificados en el **Grupo 7, Ventas e Ingresos,** de la siguiente forma:

- **70. Ventas de mercaderías, de producción propia, de servicios, etc.:** se corresponde con los ingresos derivados de la venta de productos empresariales.
- **71. Variación de existencias:** cuenta que recoge las diferencias positivas entre los datos de la empresa contabilizados y los reales. Por ejemplo, de la información que desprende el programa informático de contabilidad, la empresa cuenta con 200 ejemplares de un libro. Tras realizar un recuento físico por los responsables de almacén se comprueba que hay 205. Las 5 unidades adicionales se incluyen en la contabilidad en forma de ingreso a través de la cuenta de "Variación de existencias".
- **73. Trabajos realizados para la empresa:** se incluyen aquí los trabajos que la empresa realiza para su propia actividad.
- **74. Subvenciones, donaciones y legados:** este grupo incluye aquellos ingresos que provienen de fuentes externas a la actividad ordinaria de la empresa pero con motivo de las mismas. Por ejemplo, se recibe una subvención del Gobierno para la edición de un libro de concienciación medioambiental.
- **75. Otros ingresos de gestión:** se incluyen aquí todos los ingresos relacionados con la actividad ordinaria de la empresa que no han sido incluidos en los subgrupos anteriores.

- **76. Ingresos financieros:** se clasifican en este grupo todos aquellos ingresos derivados de la actividad financiera de la empresa, es decir, las rentabilidades obtenidas por la gestión de sus activos. Por ejemplo, el cobro de intereses por un plazo fijo de capital que ha mantenido en un banco durante un año.
- **77. Beneficios procedentes de activos no corrientes e ingresos excepcionales:** este grupo se destina a los ingresos que proceden de la venta de activos de la empresa por encima del valor estimado para los mismos en su contabilidad.
- **79. Excesos y aplicaciones de provisiones y de pérdidas por deterioro:** esta cuenta contempla las anulaciones de provisiones de fondos que se crearon para hacer frente a determinados riesgos que finalmente no se han producido.

La diferencia entre los ingresos y los gastos dará como resultado la ganancia o pérdida empresarial; pero este esquema de cálculo responderá a una diferenciación de resultado tal y como refleja la siguiente figura:

Esquema de la cuenta de resultado de una empresa

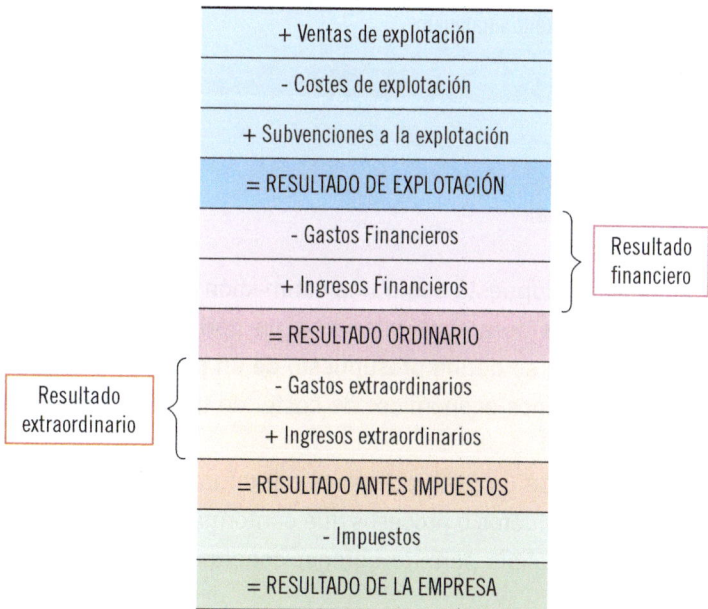

A la vista del gráfico, se aprecia la descomposición del resultado de la empresa en los siguientes resultados intermedios:

- **Resultado de la explotación:** representa el beneficio o pérdida de la empresa obtenido por su actividad productiva.
- **Resultado financiero:** es el resultado de la empresa que ha generado su actividad de inversión y financiación, es decir, rentabilidad de inversiones menos coste de financiaciones.
- **Resultado ordinario:** es la suma de los dos resultados anteriores y responde a la actividad cotidiana de la empresa.
- **Resultado extraordinario:** es el obtenido por actividades no planificadas en la actividad empresarial como beneficios o pérdidas procedentes de la venta de inmovilizado.

 Actividades

5. Compare el resultado extraordinario con el de explotación.
6. Indique qué partidas de gastos e ingresos, según el Plan General de Contabilidad, se incluirían en el resultado financiero.

2.3. Presupuesto anual

Se entiende el presupuesto como una estimación del coste de una acción, producto o conjunción de ambos referido a un periodo determinado o a un proyecto concreto. Así, se define **presupuesto de un proyecto editorial** como la planificación, en términos económicos de coste, de un proyecto editorial.

La utilidad básica de un presupuesto es dar información acerca de las distintas actividades, productos o procesos que conforman el proyecto, de manera que a través de su análisis permita obtener conclusiones en la planificación del mismo.

En términos generales, un presupuesto contempla la estimación de gastos e ingresos para una determinada actividad, proyecto o periodo así, como una previsión de la cuenta de resultados asociada a los mismos.

Entre las **ventajas** más importantes que aporta un presupuesto a la planificación de un proyecto editorial están:

- Valora en términos económicos las partidas que componen el proyecto.
- Permite ajustar costes, suprimiendo o reduciendo aquellas partidas secundarias.
- Facilita el análisis a través de su desglose en partidas más pequeñas.
- Ayuda a controlar los repartos de fondos realizados una vez llevado a la práctica el proyecto.

En contrapunto, el presupuesto puede suponer determinados **inconvenientes** para la empresa, tales como:

- Llevar a tomar decisiones equivocadas si el presupuesto presenta errores.
- Carácter estático: no contempla la evolución de las partidas, ni otros factores relacionados con el dinamismo empresarial como ratios, tendencias, etc.
- No estar ajustado a la realidad, puesto que la realización de un presupuesto fiel requiere de una gran labor de investigación.

Por tal motivo, los presupuestos como herramienta de planificación han de ir acompañados de otras figuras de análisis cuantitativo de proyectos como ratios, comparativas de empresas del sector y estudios de tendencias del mercado, entre otros.

PRESUPUESTO				
Concepto	Enero	Febrero	Marzo	Abril
Coste de diseños				
Suelos diseñadores				

Continúa en página siguiente >>

<< Viene de página anterior

PRESUPUESTO

Concepto	Enero	Febrero	Marzo	Abril
Complementos salariales				
TOTAL DISEÑO				
Materiales de edición				
Sueldos				
Otros gastos de edición				
TOTAL EDICIÓN				
Sueldos de auditores				
Otros gastos auditoria				
TOTAL AUDITORÍA				
Materiales de montaje				
Sueldos de montadores				
Amortización maquinaria				
TOTAL MONTAJE				
Otros gastos de presentación				
TOTAL ELABORACIÓN				
Gastos financieros				
Gastos extraordinarios				
Otros gastos imputados				
COSTE TOTAL				

 Recuerde

El presupuesto es un instrumento cuya utilidad radica en que es además un medio de ayuda para la determinación de objetivos organizacionales de manera que se coordine toda la actividad de la empresa y se organicen sus recursos para conseguirlos.

3. Clasificación general de costes

El concepto general de coste de un determinado proyecto es poco significativo a nivel de análisis económico y financiero, puesto que una cifra en concreto no da lugar a estudio; para ello, es necesario que sea desglosada para conocer todos y cada uno de los componentes de coste que la conforman. Ahí es donde surge la necesidad de clasificar los costes en función de distintos parámetros distintivos.

Empezar a clasificar los costes de una empresa en general y del sector gráfico en concreto supone la necesidad de conocer los siguientes parámetros conceptuales:

- **Coste es igual a no ingreso.** En términos económicos, para una empresa el concepto de coste va más allá de un simple desembolso de dinero, puesto que la reducción o pérdida de un ingreso previsto es también considerado un coste.
- **Coste de oportunidad.** Otro tipo importante a tener en cuenta a la hora de afrontar el conocimiento del concepto de coste es el coste de oportunidad. Se denomina así porque, ante varias posibilidades de elección, en las que la empresa se ha de decidir por una, el coste de oportunidad es lo que la empresa deja de ingresar por no haber elegido otra alternativa, es decir, lo que esta hubiera ingresado si hubiese elegido otra de las opciones disponibles; en términos coloquiales sería a lo que la empresa renuncia.
- **Coste marginal.** Se conoce como coste marginal el aumento de coste que supone la producción de una unidad más de producto. Es cierto, que no todas las unidades cuesta producirlas lo mismo, y a medida que la empresa llega a unos determinados volúmenes el coste de producir una unidad adicional no es el resultado de la suma de una cantidad igual a lo que ha costado producir la inmediatamente anterior. Para el estudio del coste marginal es muy importante tener en cuenta que el resto de elementos que conforman el coste de producción son constantes, es decir, no ha sido modificada su cantidad de una unidad de producción a otra (la maquinaria, la mano de obra, materiales, etc.).

3.1. Clasificación de costes en función del factor de producción

La primera clasificación a destacar es la de los distintos factores de coste que afectan al proceso de producción. Entre las más importantes destacan:

- **Costes de materias primas:** importe referido a la adquisición de los materiales por parte de la empresa para que sean parte del producto final. En una empresa editorial que produce una revista este sería, por ejemplo, el coste de papel.
- **Costes de maquinaria:** referido al importe de adquisición (amortización) y conservación (mantenimiento) de la maquinaria empleada en el proceso productivo. Por ejemplo, amortización de los equipos informáticos.
- **Coste de mano de obra:** son los costes asociados a los empleados que desarrollan su actividad directamente sobre la producción del producto editorial.
- **Coste de energía:** se incluyen en este grupo aquellos costes referidos a la energía necesaria para el funcionamiento del proceso de producción.
- **Costes legales:** asociados a licencias, tasas o impuestos referidos a una determinada producción. Por ejemplo, pago por la posesión de una librería ambulante en el pasillo central de un centro comercial.
- **Costes de estructura:** relativos al mantenimiento de la empresa en general, sin los cuales la producción no sería posible.
- **Otros materiales:** son aquellos referidos a las adquisiciones de otros materiales menores que no están incluidos en apartados anteriores.

3.2. Clasificación de costes según su previsión

Otra clasificación muy importante de los costes empresariales es aquella que hace referencia a su carácter de planificación, es decir, la que diferencia entre los costes previstos en la gestión normal de la empresa y los que no. Así, se distinguen:

- **Costes ordinarios:** son aquellos que están previstos a la hora de elaborar la planificación empresarial y los presupuestos, tanto en origen como en cuantía aproximada. Por ejemplo, el pago de los salarios de los trabajadores.

■ **Costes extraordinarios:** son aquellos que no están previstos en la elaboración del presupuesto por su carácter accidental u ocasional. Por ejemplo, pérdidas de material de almacén por un incendio.

Por tal motivo, la dirección empresarial echa mano de los elementos que dispone para afrontar esta fuente de riesgo; y estas herramientas son las **provisiones,** que son instrumentos contables de planificación que se utilizan para hacer frente a posibles costes no planificados.

3.3. Clasificación de costes según su incidencia en el producto final

Según su destino, es decir, el objeto para el que se incurre en los mismos, los costes de la empresa pueden diferenciarse en:

■ **Costes directos:** cuando existe una clara y exclusiva participación de los mismos en el producto final. Por ejemplo, la compra de unas imágenes para la revista de moda de la editorial.
■ **Costes indirectos:** cuando por su carácter no son atribuibles directamente a un determinado producto o destino concreto. Por ejemplo, la factura del consumo eléctrico de una imprenta.

En la ciencia contable, la rama de la **contabilidad de costes** es la encargada del estudio de las técnicas y herramientas empleadas para la imputación de costes generales de la empresa, o aquellos que aun siendo necesarios para la elaboración de los productos no están directamente asociados a cada uno de ellos.

 Ejemplo

Una maquina impresora ha requerido la renovación de una pieza que se cambia cada 5 años. La pieza cuesta 5.000 €. En este caso, la técnica más sencilla de imputación sería repartir el coste de la pieza entre los años de duración, es decir, imputar 1.000 € cada año (5.000 €/5años). A continuación, se ven los productos que se han obtenido en un año (número de páginas impresas) y se obtiene el coste atribuible al producto.

Aplicación práctica

La Manaca Ediciones S. A. es una editorial destinada a dos líneas de producto: una revista de automóviles y otra de motocicletas. Aunque ambas líneas son proyectos y presupuestos independientes comparten instalaciones, por lo que los responsables de administración siempre dividen los importes de gastos de instalaciones (luz, alquiler, seguro, etc.) a partes iguales entre las dos líneas. Estos gastos son de 15.000 € al mes.

En cambio, José, un amigo de la empresa, en una conversación dice que están haciendo una mala adjudicación de costes a las líneas de producción, ya que las unidades producidas no son las mismas, puesto que la revista de automóviles posee más páginas y además se producen 1.000 unidades mensuales frente a las 500 de la revista de motos.

¿Es correcta la afirmación de José?

¿Qué solución propone?

SOLUCIÓN

En efecto, la postura de José es correcta, puesto que no se está siguiendo un criterio real a la hora de imputar gastos, puesto que las instalaciones están sirviendo para producir el doble de unidades de un producto que de otro. Según los datos del enunciado, la distribución de costes no es correcta.

En función de esta información, lo ideal sería distribuir los costes de las instalaciones entre el número total de unidades producidas, en vez de por líneas editoriales.

Según los datos del enunciado, se producen 1.500 unidades mensuales (1.000 de la revista de coches y 500 de la de motos), considerando un coste mensual de 15.000 €. Cada unidad llevaría asociado 10 € de coste fijo (15.000 € / 1.500 unidades), con lo que la distribución de esos costes fijos serían 10.000 € a la revista de coches (10 € / unidad x 1.000 unidades) y 5.000 € a la revista de motos (10 € / unidad x 500 unidades).

Los procesos de imputación de costes suelen ser más complejos puesto que toman en cuenta un número mayor de variables y técnicas de imputación, sin embargo, la simplicidad de la aplicación práctica anterior permite apreciar como unos costes comunes a varias líneas de producción no pueden ser arbitrariamente repartidos, han de acogerse a parámetros que respondan a la lógica y a la equidad.

4. Costes según su naturaleza

Por su importancia, dentro del caso concreto del sector de la elaboración de productos gráficos, se detalla en este apartado la clasificación de los costes en función de su naturaleza, es decir, según el origen que los ocasiona, pudiendo distinguir entre costes asociados al producto (materiales) y costes asociados al proceso (mano de obra).

En términos generales, se pueden distinguir cinco tipos de costes, clasificados según su naturaleza:

- **Coste de materias primas y otros aprovisionamientos:** son los costes asociados a los consumos del proceso productivo.
- **Coste de los servicios exteriores:** fundamentalmente suministros y gastos necesarios para llevar a cabo la actividad.
- **Costes de personal:** el desembolso de fondos empresariales destinados al pago de los trabajadores y los gastos asociados a su mantenimiento (formación, seguridad social, etc.).
- **Costes financieros:** son los costes asociados a la obtención de financiación, fundamentalmente ajena.
- **Coste de amortización:** son los costes en los que la empresa incurre por el uso y desgaste de sus bienes patrimoniales fijos o no corrientes tales como maquinarias, mobiliario, etc.

 Nota

La amortización es una partida contable que resta valor al precio de adquisición de un elemento de activo inmovilizado o no corriente (bienes y derechos que permanecen bajo la propiedad de la empresa más de un ejercicio económico) por el hecho de reconocer la pérdida de valor que estos experimentan debido al uso y paso del tiempo.

 **Actividades**

7. Indique ejemplos de coste de materias primas y otros aprovisionamientos.
8. En una empresa de periódicos señale qué tipo de gastos representan los desplazamientos realizados por los repartidores.

4.1. Coste de los materiales

Se incluye en esta tipología de costes los importes asociados a la incorporación al proceso productivo de los distintos materiales y productos, y entre los más importantes destacan:

- **Materias primas:** elementos que no han sido sometidos a proceso de transformación alguno. Ejemplo: agua, celulosa, etc.
- **Productos semielaborados:** aquellos que se encuentran en la empresa y ya han sido sometidos a procesos de transformación anteriores al que esperan en el nuevo proceso productivo. Ejemplo: papel, hilo y cartón, entre otros.
- **Productos en curso:** son aquellos que se encuentran inmersos en el proceso de elaboración. Ejemplo: pastas para encuadernación.
- **Productos terminados:** aquellos cuyo proceso de transformación en la empresa ha finalizado y están dispuestos a la venta, pero se incorporan al producto principal como parte del mismo. Por ejemplo: botones y demás objetos ornamentales.
- **Envases y embalajes:** son productos de almacén que aunque pueden tener valor de venta, solo se venden acompañando a los productos finales (elaborados o mercaderías) para protegerlos, contenerlos, transportarlos, etc. Ejemplo: cajas de plástico o cartón, bolsas, etc.
- **Bienes de equipo:** se trata de elementos que la empresa requiere para la producción, como herramientas, recambios, etc.
- **Combustibles:** como fuente de energía para el funcionamiento de los equipos de producción, como gas, aceite, gasóleo, etc.

- **Productos defectuosos:** es un caso especial de productos terminados que no responden a niveles mínimos de calidad para su venta y, por tanto, suponen un coste para la empresa.
- **Material de oficina:** son productos destinados a las labores administrativas de las empresas. Ejemplo: folios, consumibles de las impresoras, etc.
- **Otros materiales:** aquí se engloba pequeños productos que son necesarios para la elaboración del producto y que no están incluidos en los apartados anteriores.

En resumen, todos y cada uno de los componentes destacados en ambas clasificaciones suponen un coste que la empresa ha de soportar para la elaboración de sus productos y cuyo importe deberá resarcir con la venta de los mismos.

 Aplicación práctica

Marta Internacional S. A. elabora un libro para niños de 3 a 6 años que incluye en su fabricación los siguientes materiales:

I Papel de dureza media para las páginas.
I Cartón rígido para las pastas.
I En el proceso de impresión emplea unos tóner de tinta especial con barniz para mejorar el diseño de impresión.
I Hilos para la encuadernación.
I Circuito eléctrico que incluye pilas, luces de colores y altavoz, y que la empresa compra al proveedor ya montado; simplemente debe ajustarlo al montaje del libro.

Identifique los distintos tipos de materiales descritos. ¿Se emplea materia prima para la elaboración del producto?

SOLUCIÓN

I En vista a la información expuesta en el resultado, se pueden diferenciar los siguientes tipos de materiales:

   I Productos semielaborados: como el papel y el cartón para imprimir, así como el hilo de encuadernación.

Continúa en página siguiente >>

<< Viene de página anterior

ı Productos terminados: el circuito de luz y sonido que se adquiere, listo para incorporar al producto.

ı Materiales auxiliares: los tóner de tinta especial.
ı No existen materias primas en la elaboración de este producto según la información aportada en el enunciado, ya que las materias primas son elementos extraídos de la naturaleza que se incorporan al proceso productivo sin haber experimentado transformación alguna.

4.2. Coste de los procesos

Los costes asociados al proceso de producción son aquellos que no se relacionan directamente con el producto final; en cambio, están relacionados con el proceso productivo llevado a cabo por la empresa.

Entre los distintos costes asociados a esta clasificación destacan los siguientes:

1. **Coste de mano de obra:** incluyendo aquí no solo los operarios del departamento de producción sino también de otros departamentos como calidad, administración, logística, etc.
2. **Costes de mantenimiento:** se incluyen aquí revisiones sobre maquinarias tanto periódicas como puntuales, así como todas aquellas actividades relacionadas con el funcionamiento del proceso y la coordinación de sus distintos procesos.
3. **Costes de seguros y garantías:** son las cargas económicas asociadas a la fabricación del producto, no solo para cubrir accidentes sino también para evitarlos. Por ejemplo, los Equipos de Protección Individual y colectivos asociados a la prevención de riesgos laborales.
4. **Suministros:** aunque existe una parte de los mismos asociados a los productos, hay una gran parte de estos costes relacionados con el proceso de producción y venta. Por ejemplo, importe de factura eléctrica asociada a la climatización del almacén para mantener las condiciones de temperatura y humedad deseadas.

5. **Otros:** se incluyen aquí todos aquellos importes menores asociados al proceso de producción y venta de un producto, no incluidos en los apartados anteriores.

 **Actividades**

9. Diferencie entre suministros y costes de mantenimiento.
10. Ponga ejemplos de coste de seguros y garantías.

5. Medición de materiales y estimación de tiempos

Para la medición de los materiales, así como la estimación de tiempos, es necesario echar mano de métodos de estimación. Estos métodos son muchos y muy numerosos, por esta razón se destacan algunos de los más importantes y útiles.

5.1. Métodos de estimación de costes

Son muchos los procesos realizados por las entidades para la estimación fiel de sus costes y su adecuada repercusión en la planificación empresarial, si bien es cierto que cada empresa puede emplear las técnicas que más se adapten a sus objetivos. En este apartado se van a considerar las técnicas de estimación de costes más utilizadas por las empresas editoriales.

Métodos basados en datos históricos

Se trata de una técnica de estimación de costes propia de empresas con una larga trayectoria en el mercado y un importante archivo económico y financiero, de manera que pueden comparar datos de productos similares en situaciones del mercado determinado, conociendo no solo la evolución de precios, sino también cómo reacciona la masa de clientes ante variaciones en los mismos.

Este método presenta la gran desventaja de la falta de solidez en sus afirmaciones, pues el mercado está sometido a un alto dinamismo que hace que cualquier comportamiento pasado se aleje de cualquier punto en común de comportamientos presentes y futuros.

 Actividades

11. Señale por qué es útil el empleo de métodos de estimación de costes.
12. Indique los aspectos positivos que aporta el modelo basado en datos históricos.

Métodos basados en analogías

Son modelos que toman como referencia y fuente de estimación muestras existentes en el entorno que comparten puntos en común en cuanto al trabajo, funcionamiento, comercialización, etc. A continuación, se describen algunos de los más empleados:

- **Métodos basados en proyectos:** se trata de realizar estimaciones en base a los costes de otros proyectos realizados y de los cuales se conocen los costes asociados, bien desarrollados por la propia empresa o por otras entidades externas pero cuya información obtenida es real. Por ejemplo, una editorial de libros decide lanzar un modelo *eBooK,* y para la estimación de costes realiza una consulta a otra empresa con la que posee relación comercial. Esta, que posee ya varios libros en formato electrónico en el mercado, le facilita un estado de cuentas que refleja los costes e ingresos de este producto durante el año anterior.
- **Métodos basados en el sector:** siguiendo los criterios de estimación por analogía, en este caso se toma como referencia el sector empresarial en el que la empresa va a desarrollar su producto. Para ello, se utilizan fuentes como anuarios, informes, artículos, etc., pero siempre con la exigencia de la fiabilidad de sus datos.

■ **Métodos basados en el mercado:** otro criterio de referencia para la estimación de costes es el que toma como referencia el mercado en general, es decir, se da un paso más en la estimación basada en el sector, donde se le añade el comportamiento de empresas con productos complementarios, sustitutivos y del entorno en general.

 Aplicación práctica

Fergó Editorial S. L. va a sacar al mercado una nueva revista de moda y belleza pero solo centrada en el tratamiento capilar: peinados, tratamientos, complementos, etc. Para esta nueva línea han tomado como referencia los datos del periódico Paris News, que ha realizado un estudio sobre la viabilidad de la inversión en este tipo de negocios en Francia, un país con un menor número de horas de sol y una mejor situación económica global.

Indique el tipo de estudio realizado y razone la utilidad para la actividad empresarial asociada a este estudio. Comente las diferencias existentes entre los dos mercados que han de tenerse en cuenta junto al estudio.

SOLUCIÓN

Se trata de un estudio por analogía respecto a un proyecto similar, tanto a nivel de sector como de entorno económico en general.

La utilidad se asocia a la observación del comportamiento del producto en un mercado variado y amplio como es un mercado nacional.

Las diferencias a tener en cuenta juegan un papel positivo y negativo respectivamente en relación a la utilidad del estudio: por el lado positivo, el clima favorece el aumento de horas que las personas salen a la calle, la radiación solar es mayor y el pelo necesita más cuidados; por otro, y como aspecto negativo respecto a la analogía estudiada, la situación económica hace que un nutrido grupo de la población, por desgracia, no esté en condiciones de realizar considerables desembolsos de dinero.

Por regla general, en las estimaciones de costes basadas en analogías se suelen conjugar los distintos ámbitos que afectan al producto para realizar una aproximación a la realidad lo más fidedigna posible.

Métodos basados en un criterio experto

Otra de las modalidades de estimación de costes es la confianza de esta tarea a un experto, ya sea persona física o una entidad especializada, a través del empleo de técnicas matemáticas y estadísticas que tengan por objeto la minimización de errores en la estimación.

Métodos basados en los costes de producción

Se trata de estimar el coste del proyecto como la sumatoria de todos los costes individuales de cada factor de producción conocido por estar disponible en el mercado, dejando como margen de error aquellos costes sobrevenidos y posibles. Este método hace hincapié en la eficiencia en el uso de los recursos disponibles para el éxito en el desarrollo de la estimación de costes.

Este método requiere de las técnicas de imputación de costes indirectos a la producción que fueron tratadas anteriormente, donde se usan coeficientes de reparto entre cada unidad producida y los costes comunes a todo un lote de unidades.

Al trabajar en este campo con estimaciones, se hace necesario conocer de antemano los máximos datos posibles relativos a los factores de producción; por este hecho es de gran utilidad complementar estos métodos con otros como, por ejemplo, los basados en analogías.

5.2. El coste: un concepto dinámico

Cuando se realiza la estimación el trabajo de los analistas no está finalizado puesto que el coste es una magnitud dinámica que presenta una evolución y apunta una tendencia en su comportamiento.

Así pues, los costes de producción no son siempre iguales y constantes debido a que los factores que los conforman poseen también un carácter dinámico, es decir, a medida que son empleados en el proceso productivo su coste es cada vez mayor o cada vez menor.

Estimación ascendente o descendente

Como se ha enunciado, existen casos en los que los costes van aumentado a medida que aumenta el número de unidades producidas, por las siguientes razones:

- **Maquinaria y obsolescencia:** a medida que la maquinaria va siendo más antigua requiere de más gastos de mantenimiento y conservación, los cuales se imputan de manera directa o indirecta al coste unitario del producto final.
  Nota: la obsolescencia es la pérdida de valor del activo no corriente de la empresa a medida que pasan los años de su vida útil debido al desgaste y al uso, entre otros elementos que hacen descender su valor.
- **Volúmenes superiores que requieren inversiones superiores:** puede darse el caso de que una empresa que evoluciona y debe producir más unidades de las que ha venido realizando hasta el momento requiera de una mayor instalación, de maquinarias más potentes o un mayor número de trabajadores. En estos casos se han de llevar a cabo nuevas inversiones que aumentan el coste unitario del producto.
- **Aumento de tasas e impuestos:** como ocurrió en los inicios de la segunda década del siglo XXI, donde el Gobierno español aumentó los impuestos indirectos en la adquisición de productos (IVA, Impuesto del Valor Añadido), e hizo que automáticamente se acrecentaran los costes de producción.

Por otro lado, existe una serie de motivos que pueden hacer que el coste de los factores se vaya reduciendo a medida que se aumenta la producción, de manera que el coste unitario del producto se reduzca. Ejemplos de este tipo de evolución positiva de costes son los siguientes:

- **Cualificación de la mano de obra:** es el caso de trabajadores que van adquiriendo mayores destrezas a medida que adquieren experiencia en el desempeño de ese trabajo o aumentan su grado de formación sobre el mismo, bien impulsados por la empresa para esta mejora de rentabilidad, o bien por iniciativa propia para aumentar su competencia laboral.
- **Negociación con proveedores:** a medida que la empresa va ampliando su actividad, los proveedores le aplican mejores condiciones de compra y transporte, de manera que la empresa va reduciendo sus costes unitarios de producción.
- **Eficiencia del proceso:** conforme la empresa va desarrollando su proceso productivo, y aplica un proceso de evaluación y control, se van implantando mejoras tendentes al desarrollo de una producción más eficiente, es decir, con un mejor aprovechamiento de sus recursos.

 Actividades

13. Defina el término analogía en relación al estudio de mercados.
14. Señale a qué se refiere la cualificación de la mano de obra.
15. Comente qué es la obsolescencia.

5.3. Métodos de estimación de tiempos

En la sucesión de actividades que van a conformar el proceso de preparación, elaboración, comercialización y distribución de la elaboración del producto editorial, con el detalle de procedimientos, procesos y actividades de cada una de estas etapas, se encuentra la fuente de la estimación de tiempos necesarios para la eficiente realización del mismo.

Para la estimación de tiempos es necesario conocer los objetivos generales de la organización respecto al proyecto, puesto que hay ocasiones en que los tiempos están definidos en el contrato de elaboración del producto si lo hubiere. Para el caso en el que existe un cierto margen de operatividad, para la estimación de tiempos es necesario definir los recursos técnicos y humanos disponibles:

- **Recursos Humanos:** relacionados con el número de horas de mano de obra de que dispone la editorial, definidas a partir de su competencia, es decir, las actividades que sabe hacer cada trabajador.
- **Recursos técnicos:** que engloban todo aquel componente material e inmaterial que va a contribuir en la elaboración del producto editorial. Ejemplo de ello serían las maquinarias, materiales, patentes, etc.

Para ambos, se han de tener en cuenta los importes tanto de tiempo de preparación como tiempo de disposición. Es decir, no solo se han de tener en cuenta los tiempos de ejecución de su cometido, sino también los tiempos necesarios para su preparación (formación, inspección, instrucción, etc.).

Recursos humanos

Dentro de la planificación de actividades del proyecto, y en base a su inyección a presupuesto, se van a tener en cuenta dos tipos de recursos humanos:

1. **Los recursos humanos directos:** que son aquellos cuyo trabajo contribuye directamente a la fabricación y venta del producto (creativos, redactores, editores, etc.).
2. **Los recursos humanos indirectos:** que son aquellos que participan en la realización del proyecto, pero sus funciones están enfocadas más a la empresa en su conjunto que a la elaboración de un producto editorial en concreto (administración, almacén, transportista, etc.).

Recursos técnicos

Los recursos técnicos van a englobar tanto recursos materiales como inmateriales que la empresa editorial tiene a su disposición para la realización del proyecto empresarial, y cuyo estado y disposición van a condicionar la duración de las tareas y, por tanto, son susceptibles de modificar los tiempos. Entre estos destacan:

1. **Recursos técnicos materiales:** los recursos técnicos materiales son aquellos que van a formar parte del producto editorial y poseen un carácter tangible (instalaciones, maquinaria, equipos para el proceso de la información, entre otros).
2. **Recursos técnicos inmateriales:** en contraposición a los anteriores, son aquellos recursos que aun suponiendo un gasto en su adquisición y un valor dentro del patrimonio empresarial de la editorial, no tienen carácter tangible (propiedad industrial, derechos de autor, patentes, etc.).
3. **Recursos financieros:** son aquellos recursos que permiten el acceso a fondos para afrontar inversiones necesarias para el desarrollo de la actividad y hacer frente a posibles inconvenientes o imprevistos en el proceso de elaboración.

En resumen, el esquema de recursos que afectan a este estudio de estimación de costes y tiempos queda reflejado en la siguiente figura:

Esquema de recursos para estimación de tiempos

Humanos	Directos
	Indirectos
Técnicos	Materiales
	Inmateriales
	Financieros

De igual forma, el conocimiento de las actividades necesarias para la elaboración del producto hace preciso clasificarlas en tres grupos según su importancia relativa respecto al proceso final, así como el grado de variabilidad de los tiempos de realización que permiten. Así se distinguen:

- **Actividades principales:** son aquellas en las que su desarrollo se hace indispensable para la existencia del producto en las condiciones en las cuales se ha plasmado en los proyectos, tanto cualitativos como cuantitativos, es decir, partidas que no se pueden rebajar ni suprimir. Por ejemplo, la impresión a color de una revista de imágenes de naturaleza y animales.

- **Actividades secundarias:** son aquellas acciones o partidas dentro del presupuesto que permiten modificaciones para conseguir un mayor ahorro, pero no se pueden suprimir. Por ejemplo, una revista del corazón en la boda del año pensaba poner papel especial de alta calidad a ese reportaje y, finalmente, por restricción presupuestaria no se puede llevar a cabo esa acción.
- **Actividades terciarias:** son aquellas que aun siendo importantes para el éxito del producto editorial pueden ser reducidas e incluso suprimidas del mismo. Por ejemplo, si se había definido un lanzamiento de una línea editorial con un regalo promocional y por temas de presupuesto no se puede dar ese regalo.

En este apartado es donde el requisito de flexibilidad de un presupuesto se hace más importante, porque son muchas las ocasiones en las que la infravaloración de una partida primaria respecto a lo ejecutado en la realidad puede hacer mermar las secundarias o terciarias.

Estimación de los tiempos necesarios para las distintas fases del proyecto

Los creadores y evaluadores del proyecto editorial deben planificar la secuencia de tareas establecidas en el mismo y asociar a cada actividad una duración determinada. Cuanto mayor sea el grado de detalle de este desglose, mayor será la eficacia de esta parte de la planificación al facilitar su análisis para la detección de posibles errores.

Es muy importante también, además de desglosar las actividades y asociarles un tiempo de ejecución, establecer las relaciones existentes entre ellas, de manera que quede claro que el retraso en una actividad puede afectar a las siguientes o a parte de ellas.

En la imagen siguiente, se muestra una distribución muy simple de tareas, tiempos y relaciones. Su escasa complejidad ayudará al entendimiento de programaciones temporales más complejas y de mayor grado de detalle.

Ejemplo de un mapa de distribución genérica de actividades y tiempos

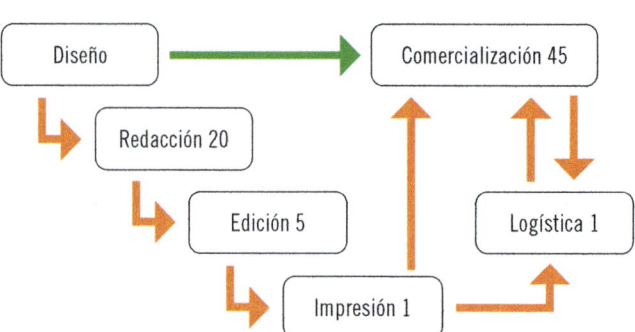

En el gráfico se exponen seis actividades básicas en la elaboración de un proyecto editorial, y a cada una de ellas se le asigna un número que se refiere a la cantidad de días que requiere para su elaboración.

La disposición en el espacio y las flechas marcan las relaciones de dependencia establecidas entre ellas. Por ejemplo, si se parte de la base inicial de diseño, de ella parten dos flechas, una hacia **Redacción** y otra a **Comercialización;** esto muestra que hasta que no se haga el diseño del producto editorial no es posible su edición y su comercialización.

En cambio, una vez realizado el diseño, ambos departamentos pueden empezar a trabajar, de manera que el producto puede empezar a editarse y comercializarse, puesto que para comercializarlo no es necesario tenerlo físicamente impreso, ya que la empresa puede empezar a negociar con tiendas, quioscos, otras editoriales, etc.

A partir de la **Redacción,** siguen las tareas de **Edición** con una dependencia directa, es decir, no se puede realizar una hasta que no termine de llevarse a cabo la anterior. Con esto, se puede apreciar que si hay un retraso en la **Edición,** la **Impresión, Redacción** y **Logística** se verán afectadas directamente por ese retraso, mientras que la **Comercialización** no tiene por qué verse afectada según este diagrama temporal.

Entre logística y comercialización existe una doble relación puesto que una depende de la otra. El almacenamiento y el transporte se van a ver afectados por el número de ejemplares comercializados (salidas de almacén) y a la vez las existencias de almacén van a condicionar la comercialización (la carencia de ejemplares impresos impedirá la venta final de los mismos).

 Actividades

16. Indique las distintas actividades que conlleva la elaboración de un producto según su importancia relativa respecto al mismo.
17. Diferencie entre recursos técnicos y humanos.

 Recuerde

La comercialización de un producto no solo comprende su venta, sino todas aquellas actividades de *marketing* relacionadas con el posicionamiento en el mercado del mismo. Por tal motivo, un departamento de comercialización puede trabajar sin tener el producto totalmente elaborado, pero también es cierto que la finalización de la actividad comercial requiere de la fabricación final del producto.

Diagrama de Gantt

Una herramienta muy utilizada para la planificación temporal de un proyecto editorial es el conocido **Diagrama de Gantt,** creado por Henry L. Gantt en 1917. Este diagrama es la representación gráfica del tiempo asignado a todas y cada una de las tareas que conforman el proyecto editorial.

Esta herramienta posee una gran utilidad para el control temporal de las tareas realizadas, puesto que permite la comparación entre los datos previstos y los reales; pero posee la desventaja de que no muestra las relaciones existentes entre las distintas variables, es decir, cómo afecta el retraso producido en una sobre el resto de variables y el conjunto del proyecto.

Su forma se elabora a partir de dos ejes: en uno de ellos se sitúan las actividades a realizar y en el otro el horizonte temporal de proyecto, indicando en el campo resultante de la doble entrada de variables el espacio dedicado a cada variable.

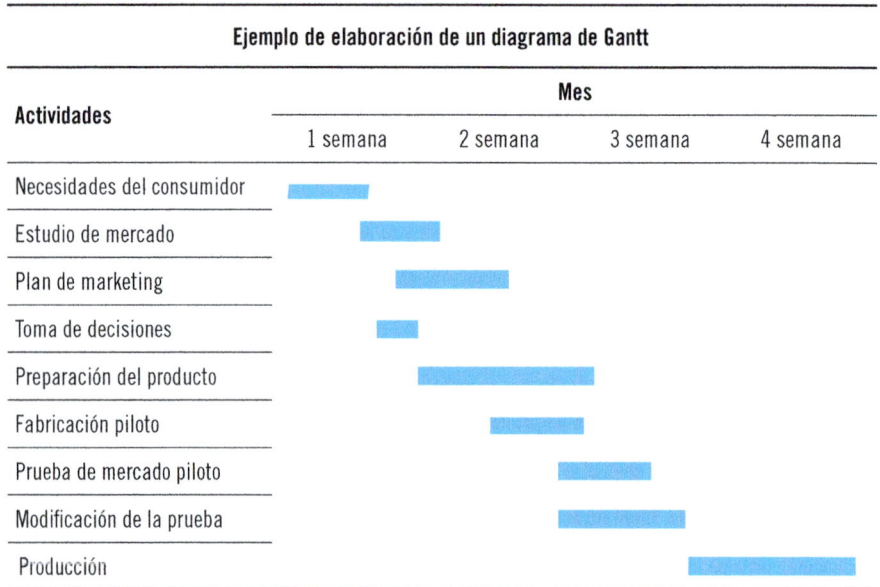

Ejemplo de elaboración de un diagrama de Gantt

Actividades	Mes			
	1 semana	2 semana	3 semana	4 semana
Necesidades del consumidor				
Estudio de mercado				
Plan de marketing				
Toma de decisiones				
Preparación del producto				
Fabricación piloto				
Prueba de mercado piloto				
Modificación de la prueba				
Producción				

Camino crítico de un proyecto

Se denomina camino crítico de un proyecto al conjunto de actividades críticas que lo conforman y la sucesión entre ellas, así como sus relaciones de dependencia, siendo las actividades críticas aquellas en las que un cambio en su duración supone una modificación en el proyecto en general.

En el caso de que una actividad no sea crítica, las variaciones en su realización, dentro de los límites temporales del proyecto, no afectarán a la realización del mismo en su globalidad.

Ejemplo

Diego debe hacer un pedido de regalos promocionales y liberar espacio en el almacén de su empresa editorial para introducir los regalos de la promoción que se incluirá en la revista el mes siguiente y que aún está en edición. A pesar del retraso de tres días en la entrega, los regalos están disponibles para el embalaje y posterior venta de la revista.

A la vista de este ejemplo, se puede afirmar que la petición de regalos promocionales incluidos en la distribución no es una actividad crítica, puesto que una demora en la realización de la misma no se traduce en una distorsión de la duración global del proyecto editorial.

Asignación de tareas y tiempos para las diferentes fases del proyecto

Una vez que se dispone de las necesidades de tiempo de cada acción, es el momento de distribuir el tiempo de que se dispone sobre los requeridos por cada una de las etapas del proceso de producción.

Técnicas de estimación de tiempos

La ciencia estadística ofrece una técnica para la estimación del tiempo en la atribución de tiempo a una actividad. Se trata de usar un tiempo promedio, que será resultado de tres tipos de tiempo; estos son:

- Tiempo Optimista = TO
- Tiempo Pesimista = TP
- Tiempo Más probable = TM

$$\text{Tiempo Real} = [TO + 4TM + TP] / 6$$

Aplicación práctica

Para la estimación de los tiempos de realización de un producto, Remedios de Lázaro, la responsable de planificación del proyecto editorial, cuenta con las siguientes estimaciones de tiempo:

I Tiempo Optimista = 10 días
I Tiempo Pesimista = 20 días
I Tiempo Más probable = 15 días.

Realice una estimación del tiempo de elaboración del proyecto.

SOLUCIÓN

En vistas a los datos aportados en el enunciado, la estimación de tiempos quedaría de la siguiente forma:

I Tiempo Real = [TO + 4TM + TP] / 6
I Tiempo Real = (10 + 4 x 15 + 20) / 6
I Tiempo Real = 15 días

---

6. Formas de presupuestar

A la hora de iniciar la ardua labor de presupuestar no se puede seguir un solo camino, puesto que la naturaleza y volumen del presupuesto va a dar la posibilidad de establecer varias vías para presupuestar. Entre las más importantes se encuentran:

- **Presupuesto unitario:** es una forma de presupuestar basada en la estimación de gastos e ingresos sobre un producto en concreto. Por ejemplo, coste de elaboración de un libro bajo unas determinadas condiciones de presentación.
- **Presupuesto por proyecto:** se trata de elaborar un presupuesto para un conjunto de productos asociados a un proyecto determinado. Por ejemplo, la edición de una revista semanal.

- **Presupuesto general:** se trata del presupuesto asociado a toda la actividad de una determinada entidad empresarial. Por ejemplo, estimación de gastos e ingresos para una empresa editorial en un año.
- **Principales:** se conoce con este nombre a los presupuestos que se muestran de forma abreviada, presentándose así las partidas generales más importantes del proyecto.
- **Desglosados:** se trata de presupuestos que presentan un alto grado de concreción en las partidas estimadas.
- **Por áreas/departamentos:** son presupuestos desglosados y concretados para los diferentes departamentos o áreas de la empresa.
- **Presupuesto de base cero:** es aquel que se hace sin tener en cuenta datos históricos de la empresa o del sector, y se basa en la proyección de una situación actual sin tener en cuenta precedentes relacionados con las partidas que incluye.

 Nota

La elaboración de presupuestos de base cero es generalmente más costosa puesto que requiere un mayor estudio de la situación al no contar con tendencias ni datos anteriores que sirvan de referencia.

Un ejemplo de presupuesto unitario puede ser el siguiente. Elaboración de un producto concreto: fotolibro.

Presupuesto unitario para un fotolibro	
Concepto	Importe
Coste de diseño fotolibro	
Sueldos diseñadores	

Continúa en página siguiente >>

<< Viene de página anterior

Presupuesto unitario para un fotolibro	
Concepto	**Importe**
Materiales de diseño	
TOTAL DISEÑO	
Materiales de edición	
Sueldo editor	
TOTAL EDICIÓN	
Sueldo de auditor	
Otros gastos auditoría	
TOTAL AUDITORÍA	
Materiales de montaje	
Sueldos de montador	
Amortización maquinaria	
TOTAL MONTAJE	
TOTAL ELABORACIÓN	
Gastos financieros imputados al fotolibro	
COSTE TOTAL	

A continuación, se presenta el modelo de presupuesto para un producto (fotolibro) de forma abreviada:

Presupuesto unitario para un fotolibro	
Concepto	**Importe**
TOTAL DISEÑO	
TOTAL EDICIÓN	
TOTAL AUDITORÍA	

Continúa en página siguiente >>

<< Viene de página anterior

Presupuesto unitario para un fotolibro	
Concepto	Importe
TOTAL MONTAJE	
TOTAL ELABORACIÓN	
Gastos financieros imputados al fotolibro	
COSTE TOTAL	

La diferencia entre la información contenida en los presupuestos y la efectivamente realizada se denomina **desviación o varianza.** Por esta razón, se establecen unos márgenes de error entre los cuales las variaciones de los datos reales respecto a los presupuestados no se consideran influyentes. Para las variaciones que sobrepasan esos límites de error se establecen dos tipos fundamentales:

- **Infravaloraciones:** cuando los resultados reales están por debajo de los límites de error establecidos.
- **Sobrevaloraciones:** es el caso en el que los datos reales están por encima de los límites de error establecidos.

 Actividades

18. Indique las diferencias entre realizar un presupuesto principal y desglosado.
19. Señale qué son los límites de error en un presupuesto.

7. Aplicación a distintos procesos

Presupuestar es una actividad compleja que requiere de un alto grado de estudio y análisis, puesto que la información que proporciona posee un gran valor para la organización empresarial, no solo como guía de evaluación de seguimiento de actividad, sino también como herramienta base para el control de resultados y las estrategias de crecimiento empresarial.

Esta información contenida en los presupuestos tiene una gran repercusión en los distintos procesos empresariales:

- **Proceso de comercialización y ventas:** donde se realiza un pronóstico de ventas de uno o varios productos, así como los niveles mínimos de venta necesarios para cubrir costes.
- **Proceso de producción:** es de vital importancia para el proceso productivo estimar el material necesario, y este será resultado de la conjunción de las variables de consumo de material y tiempo empleado en su producción.
- **Proceso de almacenaje y logística:** se hace necesario conocer los distintos elementos que se prevén como entradas en el almacén, así como las salidas del mismo. Este a su vez ha de estar coordinado con producción y ventas para dar cobertura a la actividad de estos a la vez que ha de controlar su espacio disponible.
- **Proceso de gestión de recursos humanos:** la previsión de productos a fabricar y tiempos disponibles ayuda a la gestión de la provisión y disposición de los recursos humanos para su elaboración, evitando así ineficiencias en los procesos organizativos.
- **Proceso de administración:** la entidad como sistema que integra las diferentes áreas anteriormente descritas se nutre de los distintos elementos presupuestarios del resto de departamentos que componen la entidad para el logro de la eficiencia global.
- **Procesos de gestión de calidad:** las finalidades de satisfacción al cliente, aumento de la cuota de mercado y mejora continua que contempla la calidad empresarial requieren del presupuesto como herramienta básica para el estudio de la evolución empresarial en términos de eficiencia.

Como norma general, los presupuestos de una misma organización, independientemente de los departamentos, proyectos o productos a los que pertenezca, deben estar en consonancia unos con otros y con la estrategia empresarial, de manera que exista una consonancia perfecta entre los elementos mostrados para su estudio y evaluación.

Actividades

20. Señale cómo contribuye el presupuesto a la mejora de la calidad empresarial.
21. Indique ejemplos de relación entre el presupuesto de producción y el de administración.

8. Escandallos

El concepto de escandallo hace referencia a la determinación del coste de un determinado producto con desglose de los materiales que lo conforman y el coste asociado a cada uno de los componentes.

Ejemplo

El coste de cada postal que se vende en la oficina de turismo de una determinada ciudad responde al siguiente desglose:

Papel	0,05 euros
Tinta	0,01 euros
Coste de uso de la imagen	0,05 euros
Barniz especial	0,08 euros
Coste total	**0,19 euros**

La utilidad del escandallo radica en su componente analítico a efectos del control de desviaciones en el coste de los factores que lo componen, es decir, se trata de dar un paso más en el desglose de las distintas partidas que componen el coste del producto.

 Aplicación práctica

La empresa Xti Yo S. L. se decide a lanzar un nuevo producto al mercado, una revista semestral de agricultura intensiva en el levante almeriense. Para ello, el grupo de expertos considera para una tirada de 1.000 revistas los siguientes costes:

- **Papel: 1.000 €.**
- **Tinta: 600 €.**
- **Encuadernación: 300 €.**
- **Coste de fotografías: 2.000 €.**

Teniendo en cuenta que todas las revistas poseen la misma participación en el material total, elabore el escandallo de una revista.

SOLUCIÓN

Partiendo de los datos globales del proyecto, y sabiendo que la participación de cada revista es la misma respecto de los gastos generales, el escandallo de cada revista quedaría de la siguiente forma:

Papel	1 €
Tinta	0,6
Fotografías	2 €
Encuadernación	0,3
TOTAL	**3,9 €**

Los datos asociados a la revista se obtienen del cociente entre el coste para esa partida y el número de unidades total de producto contenido en el lote (1.000 unidades).

De esta forma, al contar con el desglose de los costes que conforman un producto, además de la utilidad de la información, se ofrece la posibilidad de conocer con detalle las variaciones en los distintos componentes del precio del producto, ayudando así al establecimiento de medidas correctoras para evitar variaciones no deseadas en el mismo.

La utilidad fundamental del uso de escandallos en relación con el presupuesto parte de lo enunciado en el apartado anterior, es decir, a la hora de establecer comparaciones entre lo presupuestado y lo realmente obtenido el escandallo ofrece un mayor grado de desglose que facilita la detección de las diferencias o errores de estimación.

Las desviaciones detectadas entre los componentes de los escandallos pueden deberse a dos razones fundamentales:

- **Desviaciones puntuales:** son aquellas que se han producido por un hecho inesperado que no tiene continuidad en el tiempo; por ejemplo, interrupción del servicio eléctrico por una obra pública durante seis horas.
- **Desviaciones estructurales:** son aquellas que responden a hechos continuados en el tiempo con un resultado que se aleja de lo presupuestado. Por ejemplo, la impresora ha de sacar 100 páginas por minuto y solo saca 70.

Es necesario identificar la naturaleza de estas desviaciones para bien redefinir el escandallo (variaciones estructurales) o corregir la situación de variación planteada respecto a lo presupuestado sin alterar la forma del escandallo.

 Actividades

22. Indique un ejemplo de escandallo con desglose de sus componentes de coste.
23. Explique la utilidad de un escandallo para un presupuesto.

Aplicación práctica

Un autor acude a una editorial para que le editen su primera obra, una sola unidad para su colección personal. Tras la elección de la modalidad de edición le informan de las siguientes partidas de gasto.

Partida	Importe (€)
Papel	200
Diseño de portada y otros	1.000
Hilos de encuadernación	30
Cartón	150
Adquisición de imágenes	205
Tintas	105
Otros materiales	69
Participación costes fijos	75
Ornamentos portada	30
Mano de obra montaje	1.500
Transportes	30
Combustibles imputados	20
Gastos financieros imputados	60

Con estos datos, elabore el presupuesto de un producto editorial clasificando los distintos elementos donde correspondan:

Continúa en página siguiente >>

<< Viene de página anterior

SOLUCIÓN

PRESUPUESTO	
MATERIALES	554
Papel	200
Hilos de encuadernación	30
Cartón	150
Tintas	105
Otros materiales	69
MANO DE OBRA	1.500
Mano de obra de elaboración	1.500
CONTENIDOS	1.205
Diseño de portada y otros	1.000
Imágenes	205
SERVICIOS ASOCIADOS	30
Transporte	30
OTROS GASTOS	155
Imputación de costes fijos	75
Combustibles imputados	20
Gastos financieros imputados	60

9. Resumen

El estudio pormenorizado de los distintos elementos que componen el presupuesto hace necesario el conocimiento de la naturaleza de los costes e ingresos que van a conformar el producto final, así como los materiales de que está formado y los recursos necesarios para elaborarlo.

De la misma forma, no hay una sola manera de presupuestar, puesto que aun conociendo la naturaleza de los costes y la clasificación de los materiales, es imprescindible definir las líneas maestras que el presupuesto ha de contener para su elaboración.

El estudio de los costes del presupuesto requiere igualmente el conocimiento de diferentes métodos de estimación pues el presupuesto trabaja sobre una base de incertidumbre, la cual ineludiblemente lleva acompañado un riesgo.

El conocimiento de todos y cada uno de los puntos expuestos en el capítulo no asegura el éxito de la estimación pero sí consolida el camino a seguir en el diseño del producto gráfico, asentando las bases de eficiencia de los procesos y la eficacia de los resultados.

Ejercicios de repaso y autoevaluación

1. **Indique sin son verdaderas o falsas las siguientes cuestiones. En el caso de que sean falsas, indique la razón:**

   a. Una desviación puntual es más relevante y requiere de mayor atención que una estructural.

      ☐ Verdadera
      ☐ Falsa

   b. El camino crítico de un proyecto es la sumatoria de fases que atraviesa en el seno de la producción.

      ☐ Verdadera
      ☐ Falsa

   c. El coste total de una entidad es la suma de coste variable y coste fijo.

      ☐ Verdadera
      ☐ Falsa

   d. La cuenta de resultados es el documento contable que muestra, para un ejercicio económico, la suma total de costes e ingresos obtenidos.

      ☐ Verdadera
      ☐ Falsa

2. **Rellene los huecos para que todo el texto tenga sentido, y que esté relacionado con la materia aprendida:**

   El _____ es la medida de _____ que se refiere a la _____ de los costes de estructura a una _____, por lo que este será menor cuanto _____ es el número de unidades producidas, puesto al ser una _____ esta disminuye cuanto _____ es el número de unidades a repartir.

3. El coste para la empresa editorial relacionado con el ingreso que deja de ganar por optar por una vía de comercialización en lugar de otra se denomina...

    a. ... coste de almacén.
    b. ... coste de alternancia.
    c. ... coste de oportunidad.
    d. Todas las opciones son correctas.

4. Los productos que se encuentran inmersos en el proceso de producción y tienen un valor económico se denominan...

    a. ... subproductos.
    b. ... productos en curso.
    c. ... productos semielaborados.
    d. ... productos terminados.

5. El presupuesto que establece las líneas generales de costes de forma resumida se denomina...

    a. ... principal.
    b. ... abreviado.
    c. ... resumido.
    d. ... desglosado.

6. El Diagrama de Gantt se emplea en el estudio y estimación de...

    a. ... costes.
    b. ... tiempos.
    c. ... recursos.
    d. Todas las opciones son correctas.

7. Los gastos de obligatorio cumplimiento de acuerdo al marco legal en el que se desarrolla la actividad empresarial son:

    a. Intereses.
    b. Compras.
    c. Gastos.
    d. Tributos.

8. Si una empresa introduce un nuevo proyecto editorial y estima un tiempo máximo de realización de siete días, uno mínimo de tres y un promedio de cinco, calcule el tiempo real esperado.

_____

_____

9. Defina los gastos de personal.

_____

_____

_____

_____

10. Indique el significado del coste relativo a envases y embalajes:

_____

_____

_____

_____

11. ¿A qué se refieren las actividades secundarias en el proceso de elaboración de un producto?

_____

_____

_____

_____

12. ¿Qué es el camino crítico de un proyecto?

_____

_____

_____

_____

13. **Relacione los términos de una columna con los de la opuesta para obtener cuatro relaciones con sentido en base a la materia aprendida.**

    a. Coste
    b. Productos
    c. Estimación
    d. Diagrama

    __ Costes
    __ De Gantt
    __ Oportunidad
    __ Semiterminados

14. **Complete la siguiente figura de acuerdo a la clasificación de recursos empleados por las empresas para la elaboración de sus productos:**

	Directos
Técnicos	

15. **Busque en la sopa de letras los conceptos que dan respuesta a los siguientes enunciados.**

    ▌ Acción de comparar resultados entre lo planificado y lo real.
    ▌ Costes fijos e independientes del volumen de producción.
    ▌ Desglose de los componentes de coste de un producto.
    ▌ Lo es el de barras, también el de Gantt.
    ▌ Diagrama que representa los tiempos de las actividades de un proyecto.
    ▌ Para estimar costes y tiempos. Procedimiento.
    ▌ Dícese del presupuesto de detalle. No principal.
    ▌ Materia no transformada.
    ▌ Los recursos que influyen en el tiempo sin ser humanos.
    ▌ El coste que no es fijo ni variable pero es ambos a la vez.

E	B	T	B	O	O	K	L	N	G	L	A
V	O	E	C	R	D	C	I	E	A	T	S
A	P	C	O	U	A	O	H	Y	N	B	E
L	R	N	P	H	S	A	T	V	T	E	M
U	I	I	R	T	I	Z	A	E	T	O	I
A	M	C	D	I	A	G	R	A	M	A	F
R	A	O	N	N	N	A	O	F	L	A	I
A	V	S	T	V	H	N	N	A	I	E	J
E	S	C	A	N	D	A	L	L	O	A	O
W	R	D	E	S	G	L	O	S	A	D	O
E	S	T	R	U	C	T	U	R	A	A	A

Capítulo 4
Los proveedores

Contenido

1. Introducción

Conocer la procedencia de los aprovisionamientos de la empresa supone entender los orígenes de una de las partidas presupuestarias más importantes de la estructura de costes de la entidad.

En este capítulo se va a realizar un análisis detallado de la línea de aprovisionamientos en relación a las personas físicas o jurídicas que van a proporcionarlas en tiempo y forma a la empresa cliente: los proveedores.

La justificación de la intrusión de esta materia dentro de la unidad formativa nace de la necesidad de entender el concepto de proveedor, analizar su comportamiento, la composición del sector, los productos que ofrece, así como las exigencias que presenta a la hora de servir los productos.

El contrato será la herramienta jurídica que regule la relación comercial entre un determinado proveedor y la empresa cliente que requiere de sus servicios de suministro del producto.

El análisis y control de los distintos elementos asociados a esta relación comercial será lo que marque el punto de partida de una adecuada gestión de aprovisionamientos en favor de un proceso de administración inteligente de esta partida presupuestaria.

2. Mercado

Este concepto es muy empleado diariamente en múltiples sectores atendiendo a diferentes connotaciones en el uso del mismo. En términos generales, se habla de mercado para referirse al espacio del entorno social que afecta el desarrollo de la actividad de la empresa editorial. Así, desde el punto de vista del *marketing,* se considera mercado de una empresa editorial al conjunto de ciudadanos que han adquirido o que potencialmente puede adquirir el producto editorial.

En términos generales, y desde una perspectiva económica, el mercado es el lugar donde se lleva a cabo una serie de intercambios de bienes y servicios entre agentes económicos, tales como familias, empresas y sector público, entre otros.

Desde una perspectiva sociológica, el mercado es el contexto social donde se reúnen los distintos agentes y desarrollan su actividad, propiciando los medios para el establecimiento de relaciones entre ellos.

2.1. Tipos de mercado

Atendiendo a las definiciones dadas, se pueden distinguir dos grandes tipos de mercado, según la influencia de las partes que conforman el mismo:

- **Mercado de competencia perfecta:** es aquel donde no existe intervención pública que regule los intercambios, es decir, la producción y precio asociado a los productos se regula de manera conjunta entre la oferta y demanda de dichos bienes. Se caracteriza por un elevado número de oferentes y demandantes y un total acceso a la información y recursos disponible sobre los mismos, así como una gran transparencia en el mercado.
- **Mercado de competencia imperfecta:** es aquel donde existe un ente regulador de intercambios que modifica las tendencias globales de equilibrio de oferta y demanda. Generalmente suelen ser grandes empresas que controlan la producción de un bien y pueden modificar su precio según sus intereses. Los ejemplos de competencia imperfecta son el monopolio (una empresa controla el mercado de un producto) y el oligopolio (un grupo de empresa controla el mercado de este producto).

La sociedad actual cuenta con un mercado abierto y globalizado, donde juegan libremente oferta y demanda de productos, y donde aún persisten ciertos oligopolios y el estado interviene supervisando y controlando límites de actuación en base al marco legal establecido y con base en el Código de Comercio.

2.2. División de un mercado: segmentación

En términos coloquiales se puede expresar la segmentación del mercado que hace una determinada empresa editorial, como la división del mismo en base a determinados criterios, de manera que cada segmento posea características comunes que lo diferencien de los restantes a efectos de realizar acciones concretas y específicas sobre cada uno de ellos.

La segmentación divide el mercado en partes que comparten características determinadas y los diferencian del resto

Esto lleva consigo que para que una segmentación sea eficiente cada segmento debe ser homogéneo y entre los distintos segmentos establecidos debe darse una heterogeneidad real.

 Ejemplo

Editorial Inma Plástica S. L. ha creado una revista sobre las últimas tendencias en gafas graduadas. A la hora de distribuir su producto, ha decidido segmentar el mercado en base a criterios de sexo, de manera que realizará una campaña publicitaria para mujeres en televisión y otra campaña para hombres para la que piensa establecer una sinergia editorial con una revista especializada en moda masculina.

Segmentar el mercado supone una serie de ventajas para la empresa editorial en cuanto al desarrollo de su actuación de *marketing,* y entre las más destacadas se encuentran:

- Facilitar la toma de decisiones sobre cada uno de ellos.
- Estudiar en profundidad las características de cada uno de los segmentos definidos.
- Especificar acciones concretas de *marketing* en función de los criterios de cada sector.
- Lograr una eficiencia en la gestión empresarial global.
- Fomentar la facilidad de evaluación y control de tendencias de cada uno de los segmentos.

Por último, los criterios empleados para la segmentación son elegidos por las empresas de forma libre y en función de sus intereses, si bien es cierto que los criterios más empleados son: localización geográfica, edad, sexo, hábitos y nivel de renta.

 Actividades

1. Defina segmentación de un mercado.
2. Indique las principales utilidades de la segmentación.

 Aplicación práctica

Editorial Inma Plástica S. L. ha creado un producto editorial por el cual pretende hacer llegar el arte de forma mensual a los hogares españoles. Cada entrega será de una alta calidad, tanto de la fotografía como del papel y formato de la entrega, lo cual conllevará un alto coste y, por tanto, un precio considerable.

Continúa en página siguiente >>

<< Viene de página anterior

Su idea de comercialización gira en torno a la mayor cobertura posible del mercado, kioscos, librerías, grandes superficies, etc.; con la salvedad de que sus recursos financieros iniciales están muy ajustados al presupuesto, con lo que cualquier incidencia puede hacer peligrar el proyecto.

¿Sería conveniente aconsejar a Inma segmentar el mercado? ¿Por qué?

SOLUCIÓN

Sería muy aconsejable segmentar el mercado en este caso tomando como base criterios económicos de familias, puesto que el producto elaborado es de un alto precio y, por tanto, no está al alcance de todo el mundo.

Segmentando se puede hacer más eficiente el gasto de promoción y distribución, ya que es un riesgo que obras literarias de tal calibre se encuentren comercializadas en determinados lugares de escasa afluencia de compradores potenciales.

Por lo tanto, se aconseja centrar la atención en el estudio de hábitos de consumo de este segmento de familias con ingresos por encima de la media, para focalizar la atención en el mismo y ahorrar costes en espacios de venta no acertados en función de estos hábitos de compra.

2.3. El marco legal del mercado: Ley de Competencia Desleal

En España, existen diversas leyes que pretenden velar por el cumplimiento de un adecuado comportamiento de los agentes económicos que se dan lugar en el mercado. Ejemplo de ello es la Ley 3/1991, de 10 de enero, de Competencia Desleal.

Este marco legal está enfocado a la libertad de actuación de las empresas en el mercado, pero bajo un criterio de respeto entre ellas y para con el mercado, así el **capítulo II, Actos de competencia desleal,** en su artículo 4, establece la cláusula general de esta normativa:

1. *Se reputa desleal todo comportamiento que resulte objetivamente contrario a las exigencias de la buena fe.*

   En las relaciones con consumidores y usuarios se entenderá contrario a las exigencias de la buena fe el comportamiento de un empresario o profesional contrario a la diligencia profesional, entendida esta como el nivel de competencia y cuidados especiales que cabe esperar de un empresario conforme a las prácticas honestas del mercado, que distorsione o pueda distorsionar de manera significativa el comportamiento económico del consumidor medio o del miembro medio del grupo destinatario de la práctica, si se trata de una práctica comercial dirigida a un grupo concreto de consumidores.

   A los efectos de esta ley se entiende por comportamiento económico del consumidor o usuario toda decisión por la que este opta por actuar o por abstenerse de hacerlo en relación con:

   a. *La selección de una oferta u oferente.*

   b. *La contratación de un bien o servicio, así como, en su caso, de qué manera y en qué condiciones contratarlo.*

   c. *El pago del precio, total o parcial, o cualquier otra forma de pago.*

   d. *La conservación del bien o servicio.*

   e. *El ejercicio de los derechos contractuales en relación con los bienes y servicios.*

   Igualmente, a los efectos de esta ley, se entiende por distorsionar de manera significativa el comportamiento económico del consumidor medio, utilizar una práctica comercial para mermar de manera apreciable su capacidad de adoptar una decisión con pleno conocimiento de causa, haciendo así que tome una decisión sobre su comportamiento económico que de otro modo no hubiera tomado.

2. *Para la valoración de las conductas cuyos destinatarios sean consumidores, se tendrá en cuenta al consumidor medio.*

3. *Las prácticas comerciales que, dirigidas a los consumidores o usuarios en general, únicamente sean susceptibles de distorsionar de forma significativa, en un sentido que el empresario o profesional pueda prever razonablemente, el comportamiento económico de un grupo claramente identificable de consumidores o usuarios especialmente vulnerables a tales prácticas o al bien o servicio al que se refieran, por presentar una discapacidad, por tener afectada su capacidad de comprensión o por su edad o su credulidad, se evaluarán desde la perspectiva del miembro medio de ese grupo. Ello se entenderá, sin perjuicio de la práctica publicitaria habitual y legítima de efectuar afirmaciones exageradas o respecto de las que no se pretenda una interpretación literal.*

El fin último de esta actuación legal es la protección de los derechos de las empresas, así como el fortalecimiento del mercado, evitando la competencia imperfecta basada en el abuso de poder sobre el mismo de un agente económico.

 Recuerde

También queda regulada la publicidad subliminal, que es aquella que se produce por determinados aspectos que se presentan en un anuncio que despiertan sensaciones no controladas por el cliente. Normalmente están relacionados con la estética, el erotismo, etc.

 Actividades

3. Señale qué entiende por competencia desleal y dónde está regulada.

3. Clasificación

El **proveedor** es aquella persona física o jurídica cuya actividad económica es la venta de los productos que la empresa necesita para desarrollar su actividad, siendo estos necesarios para llevar a cabo el proceso productivo.

Este concepto es diferente al de **acreedores,** puesto que estos últimos ofrecen productos o servicios que son necesarios para el desarrollo del funcionamiento global de la empresa, pero no están relacionados directamente con el proceso de producción.

Aplicación práctica

Pepe y Quesada S. L. se dedica a la fabricación de libros de lujo con cubiertas de madera maciza, y recientemente ha contratado a un joven de 18 años, Daniel, bajo un contrato de formación. Una mañana en la oficina, el gerente, que hasta ahora llevaba solo toda la administración, le va explicando las facturas que ha de pagar, y entre ellas destacan estas dos:

- Carpintería Sonia S. A., por valor de 6.000 €. Correspondiente a las adquisiciones de existencias del trimestre anterior.
- Gabinete de abogados El tablazo: 2.500 €. Correspondientes a un juicio que la empresa tuvo que afrontar por unos problemas con unos vecinos.

Ayude a Daniel a identificar los distintos tipos de productos y servicios prestados a la empresa e indique sus diferencias.

SOLUCIÓN

La factura 1, Carpintería Sonia S. A., corresponde a proveedores porque está relacionada directamente con la actividad, mientras que la 2 es de acreedores, porque son gastos no relacionados directamente con la actividad productiva de la empresa.

Puesto que existe un gran número de proveedores, la empresa debe encargarse de estudiar las condiciones ofrecidas por cada uno de ellos para la contratación con aquel proveedor que haga más eficiente la gestión de aprovisionamiento.

 Actividades

4. Realice un cuadro comparativo de semejanzas y diferencias entre proveedores y acreedores de una pequeña empresa.
5. Señale qué entiende por relación directa con el proceso de producción.

3.1. Clases de proveedores

A la hora de estudiar los proveedores de la entidad se ha de tener presente el amplio abanico y variaciones que pueden presentar los mismos en cuanto a sus características. Por esta razón, a continuación se establece una clasificación en base a los criterios más importantes para su diferenciación:

- Según la naturaleza del producto ofrecido, se distinguen dos tipos fundamentales de proveedores:

    - **Proveedores de bienes:** que proporcionan a la empresa una serie de elementos físicos incorporables al proceso de producción. Ejemplo de ellos son, en el caso de elaboración de libros, las empresas que suministran papel, tintas, etc.
    - **Proveedores de servicios:** son aquellos proveedores que realizan suministros a la empresa de elementos intangibles pero básicos para el proceso de producción. Por ejemplo, revisiones técnicas de las maquinarias impresoras.

- Según la cadena de comercialización del producto, es decir, el grado de distribución al que ha sido sometido el producto ofertado desde su fabricación, se distinguen los siguientes tipos de proveedores principales:

    - **Fabricante:** coincide en la misma persona, física o jurídica, la que fabrica y la que proporciona el producto a la empresa. Por ejemplo, una fábrica de papel que vende directamente a una editorial.
    - **Mayorista:** en este caso el fabricante es distinto de la persona que posee el producto para su venta. El rasgo principal de un mayorista es que vende a otras empresas y nunca al consumidor final. Por ejemplo, la fábrica de papel vende su producto a una empresa comercializadora de material de oficina para empresas.
    - **Minorista:** en este caso es el poseedor del producto el que vende al consumidor final pero no lo fabrica. Por ejemplo, una papelería que compra el papel al fabricante y lo vende al consumidor final.

■ Según el origen de la fabricación de los productos que se van a aprovisionar, se consideran dos grandes clasificaciones:

▪ **Nacionales:** son productos que se fabrican y distribuyen en el territorio español. La adquisición de estos productos por parte de las empresas suele ser más sencilla.

▪ **Internacionales:** son productos producidos fuera de las fronteras del país y cuya compra está sujeta a unos mayores condicionantes, pues la adquisición de un producto internacional supone asegurar previamente que cumple los requisitos para ser empleado en el proceso productivo. Por ejemplo, la mayoría de los ordenadores comprados fuera de España presentan un teclado diferente que, entre otros detalles, no incluye la "ñ".

■ Según el medio de acceso a la adquisición del producto necesario para la actividad:

▪ **Físicos:** son aquellas empresas que venden sus productos en sus instalaciones o en instalaciones temporales, pero siempre existe un trato directo entre comprador y vendedor.

▪ **A través de Internet:** el cliente visita una página donde existe un muestrario de productos, sigue las instrucciones de compra y adquiere el producto, que le será entregado en la forma y condiciones preestablecidas antes del momento de la compra.
Nota: son muy comunes en la sociedad actual las páginas web de venta de productos que permiten efectuar el pago directamente a través del banco del cliente, en lo que se conoce como "pasarela de pagos", y bajo unos eficientes criterios de seguridad e identificación.

■ Según el tipo de elemento patrimonial que suministran a la empresa existen tantos tipos de proveedores como tipologías de productos puedan existir, y a continuación se destacan algunos de los más importantes:

▪ **Proveedores de inmovilizado:** son aquellos que suministran elementos a la empresa que se incorporan al proceso productivo pero no se consumen en el mismo, sino que su continuidad en la empresa es superior al ejercicio económico.

Ejemplo de un elemento inmovilizado que permanece en la empresa más de un proceso productivo (© Fotografía: Clemens Pfeiffer Vía Wikimedia Commons - CC BY).

- ❚ **Proveedores financieros:** son aquellos que aportan recursos a la empresa para que esta pueda hacer frente a sus gastos e inversiones. Los bancos son los proveedores financieros más comunes.

- ▪ Según el grado de elaboración del producto que va a ser incorporado al proceso productivo:

  - ❚ **Proveedores de materias primas:** son aquellos proveedores que suministran a la empresa productos o materiales extraídos directamente de la naturaleza, sin someterlos a proceso de transformación alguno.
  - ❚ **Proveedores de productos semielaborados:** esta tipología se centra en proveedores que trabajan un producto o material, el cual venden a otras empresas para que sean estas las que lo sometan a un nuevo proceso de producción.
  - ❚ **Proveedores de productos terminados:** son aquellos proveedores que proporcionan productos terminados directamente para ser puestos a la venta por la empresa compradora.

- Según la forma de pago, la empresa puede clasificar a sus proveedores de la siguiente forma:

  - **Proveedores de contado:** son aquellos proveedores a los que la empresa ha de pagar en el momento de la compra de los productos, es decir, el pago se materializa en el acto de compra.
  - **Proveedores a plazo:** se trata de los proveedores que permiten flexibilidad en el pago de los productos adquiridos por la empresa, bien definiendo plazos, aceptado efectos comerciales a cobrar o aplazando el plazo total a una fecha determinada.

- Según la relación entre proveedor y cliente, destacan las siguientes tipologías:

  - **Habituales:** son aquellos en los que existe una relación continuada en las compras realizadas por la empresa, de manera que la formalización de los pedidos es más rápida y sencilla.
  - **Puntuales:** en este caso no existe una relación prolongada en el tiempo entre las dos entidades. Lo que se establece aquí es una compra puntual, bien por las necesidades de la empresa en un determinado momento o bien por la imposibilidad temporal de servir la demanda de la entidad por parte de los proveedores habituales.

 Actividades

6. Diferencie los tipos de proveedores según su forma de pago.
7. Comente qué es lo que caracteriza a los proveedores fabricantes.
8. Describa las principales diferencias que existen entre un proveedor minorista y otro mayorista.

Aplicación práctica

La empresa Maro Editorial S. A. tiene un proveedor fijo para el suministro de papel, Burriana S. L. a principios del presente año le informa que no podrá atender el pedido comprometido para el primer trimestre porque se encuentra en un proceso de reestructuración interna.

Llegado este caso, Maro Editorial S. A. realiza un estudio de mercado a través de Internet y decide encomendar el pedido del primer trimestre a un proveedor alternativo, para reanudar su relación con Burriana S. L. en el siguiente pedido.

Identifique los distintos tipos de proveedores que aparecen en el enunciado.

Si pasado ese pedido, la empresa queda satisfecha con el servicio y decide adquirir mercaderías de los dos proveedores, el anterior y el nuevo, ¿qué cambios experimentaría la tipología de proveedores?

SOLUCIÓN

Se dan dos tipos de proveedores según la relación comercial: proveedor habitual (el que mantiene una relación comercial continua) y proveedor puntual (el que atiende un determinado pedido solamente).

En este caso, la empresa pasaría de tener un proveedor habitual a tener dos, puesto que con el nuevo, que al principio ha sido puntual, se establece una relación continuada.

Recuerde

Los productos que son comprados a proveedores y vendidos a clientes sin que la empresa comercializadora realice ningún proceso de producción en ellos se denominan "mercaderías". Estas empresas no poseen cadenas de producción, simplemente ponen a disposición del cliente la mercadería y realizan labores de marketing para impulsar su venta.

3.2. Objetivos de la gestión de aprovisionamiento

A la hora de afrontar la adquisición de existencias, el negocio debe partir de los preceptos indicados en la estrategia empresarial para desarrollar un correcto proceso de compra. Así, si en la estrategia empresarial se indica una alta calidad en los productos, la persona o departamento encargado de la compra deberá enfocar sus miras hacia aquellos proveedores que le supongan unas existencias de calidad y, de entre ellos, escoger los de precios más competitivos o plazos de entrega más inmediatos.

A continuación, se van a definir los principales objetivos de la gestión de aprovisionamiento de la pequeña empresa:

- Contribuir al cumplimiento de los objetivos globales marcados por la estrategia empresarial.
- Encontrar proveedores competentes y fiables.
- Contribuir a la mejora de la calidad de la producción empresarial.
- Minimizar los riesgos en la compra de existencias y otros aprovisionamientos.
- Poseer flexibilidad para responder a las fluctuaciones de la demanda de productos de la empresa.
- Minimizar el coste total de la gestión sin sacrificar calidad y competitividad del proceso.

Como cualquier proceso de decisión empresarial, debe estar planificado de acuerdo a unas actuaciones claramente definidas. A continuación, se verán cada una de ellas.

Análisis del aprovisionamiento empresarial

Como en cualquier proceso de planificación de acciones, el primer paso será estudiar las necesidades que posee la empresa en cuanto a los aspectos a los que se refiere su estrategia.

En esta valoración de necesidades de la empresa se ha de tener presente el consumo de existencias que se realiza durante el proceso productivo, es decir, estudiar la velocidad de consumo de existencias en el proceso productivo así como la disponibilidad de espacio en almacén y el coste del mismo.

Para evaluar las necesidades de aprovisionamiento, en función de la capacidad de almacenamiento, se han de tener en cuenta los siguientes conceptos.

- *Stock* mínimo: es el nivel mínimo de existencias en almacén que aseguran una correcta gestión de aprovisionamiento, es decir, por debajo de ese nivel es posible que la empresa paralice su proceso de producción por no disponer de existencias.
- *Stock* máximo: es el nivel de existencias que puede almacenar la empresa a plena capacidad de almacén.
- **Punto de pedido:** es el nivel de existencias que indica que hay necesidad de gestionar nuevos aprovisionamientos. Está por encima del *stock* mínimo y asegura que en el plazo de entrega de las nuevas existencias la empresa no alcanzará ese nivel mínimo de *stock*.

Es importante tener en cuenta estos parámetros a la hora de identificar el momento de solicitar nuevas existencias; es decir, existe la necesidad de pedido y cuál ha de ser su volumen en relación a la capacidad de almacén.

Paralelamente a las pautas marcadas por la estrategia empresarial, la empresa gráfica ha de enfocar esfuerzos en reducir al máximo los costes asociados a las operaciones de aprovisionamiento de existencias, solo así se asegurará la optimización de este proceso de gestión.

 Actividades

9. Defina *stock* mínimo y máximo.
10. Señale qué relación tiene el punto de pedido con los anteriores conceptos.

4. La subcontratación

Una alternativa a la integración vertical de la comercialización del producto editorial dentro de la propia empresa es la subcontratación de una o varias entidades que se encarguen de la distribución del producto. Se habla aquí de lo que se conoce como externalización de la actividad de comercialización.

Por tanto, se entiende la subcontratación, externalización o tercerización, traducción del término inglés *outsourcing,* como la acción contractual mediante la cual una empresa subcontratarte canaliza recursos hacia otra subcontratada, para llevar a cabo un objetivo común, relacionado con la realización de una actividad determinada, en nombre de la empresa principal pero por su cuenta y riesgo.

En el caso de la subcontratación de las empresas comercializadoras, la empresa reduce el número de partidas presupuestarias relativas a la comercialización del producto, ya que por un lado se consideran los gastos asociados a la subcontratación en sí, es decir, el desembolso relativo al pago de la empresa subcontratada por los servicios de comercialización y, además, aquellos gastos derivados de la subcontratación que no son directamente aplicables a la empresa o empresas comercializadoras. Por ejemplo, gastos de búsqueda y análisis de mercado para selección de empresas subcontratadas.

Recuerde

Subcontratar se diferencia de intermediar en que mientras en la subcontratación la empresa subcontratada realiza la actividad por su cuenta y riesgo, en la intermediación no existe asunción de riesgos, simplemente se trata de poner en contacto las dos partes.

4.1. Coste de servicio subcontratado

En la subcontratación comercial el importe pagado a la empresa subcontratada irá en función de cuál sea la forma de pago que las empresas hayan acordado en contrato. Las formas más habituales de pago en un contrato de este tipo son:

- **Importe fijo:** donde se establece un pago por un periodo de tiempo determinado, sujeto a unos objetivos de venta determinados. Por ejemplo, una empresa debe vender 100 unidades mensuales y a cambio recibe un pago mensual. Se establece por cuenta y riesgo porque si la empresa comercializadora no logra vender esas unidades, se las queda para periodos siguientes o le suponen una pérdida si es imposible colocarlas en el mercado.
- **Importe variable por comisión:** donde la empresa subcontratante paga un importe (comisión) sobre cada unidad vendida. Por ejemplo, en la actualidad son muy comunes empresas de telemarketing que venden servicios de telecomunicaciones como ADSL o líneas de voz y datos; en este caso al final de cada periodo suelen cobrar un importe que variará en función del número de altas realizadas. Esta comisión es el coste de la empresa productora.
- **Importe variable sobre margen:** otro tipo de importes variables se da cuando la empresa productora facilita el producto a la comercializadora a un precio inferior al de su precio de venta al público (PVP), por lo que el beneficio de esta última será el margen de venta de cada unidad, mientras que el coste para la empresa productora es el coste de oportunidad correspondiente a ese margen. Por ejemplo, una librería compra libros de texto de ciencias sociales a 20 € por unidad y los vende a 25 €, que es su PVP. Este coste se ve de forma más clara en empresas que combinan comercialización directa con subcontratación.

Aplicación práctica

Periódicos Marta Shop decide replantear su coste de transporte ya que actualmente le supone un alto desembolso. Es un periódico de ámbito reducido que ha de ser repartido todos los días por toda la provincia de Almería.

Actualmente, lo llevan a cabo ellos mismos, y presentan la siguiente estructura de costes mensuales:

Partida presupuestaria	Importe (€)
Combustible	850
Amortización elemento de transporte	300
Costes mano de obra	1.900
Mantenimiento	250
Provisión para riesgos y gastos	100
Seguros	50
Tasas	30

Ante esto, tiene una oferta de Rapaz Transportes, que le ofrece las siguientes posibilidades:

Reparto anual	6.000 €
Reparto semestral	4.000 €
Reparto trimestral	2.500 €
Reparto mensual	1.000 €

A la vista de las alternativas expuestas, ¿le conviene hacer el reparto directamente o le interesa más subcontratarlo?

Según el tipo de negocio, ¿qué opción de subcontratación le interesa más?

Continúa en página siguiente >>

<< Viene de página anterior

SOLUCIÓN

En términos cuantitativos, teniendo en cuenta los importes mensuales, le interesa mucho más la subcontratación, ya que supone un coste máximo mensual de 1.000 €, mientras que hacer la distribución le supone unos costes mínimos de 3.480 €. Luego la opción, en términos económicos, es clara: la subcontratación.

Al ser un reparto continuo, dentro de la subcontratación, la opción que más interesa es la de contrato anual, puesto que el coste mensual se reduce al máximo, 500 € [(6.000 €/año) / 12 meses].

4.2. Condicionantes de la subcontratación

Los servicios empresariales que necesite realizar la empresa y sean suscep-tibles de ser subcontratados requieren un arduo estudio respecto a las decisio-nes de realizar la subcontratación de los mismos o, por el contrario, adquirir los medios necesarios para realizarlos dentro de la estructura empresarial.

Además de las restricciones presupuestarias, la naturaleza jurídica de la terciarización de una actividad requiere de un contrato voluntario entre las par-tes para prestar servicios especializados. Por este motivo, la subcontratación debe estar basada en las siguientes características:

- Contrato donde se identifiquen claramente las partes.
- Objeto por el que se comprometen, es decir, el servicio subcontratado.
- La duración del contrato.
- La forma de pago.
- Cláusulas especiales del servicio: donde se recogen todas y cada una de las peculiaridades asociadas a la prestación del servicio.

Si bien es cierto, la decisión de subcontratar es como todas las decisiones de las empresas, ha de someterse a un exhaustivo estudio y planificación para asegurar el éxito de una determinada elección, pues una misma alternativa en una determinada empresa puede presentar resultados muy diferentes en fun-ción de cuál sea el grado de planificación alcanzado.

Recuerde

Según estudios de la ONU al respecto del *outsourcing*, son muchas las empresas del mundo, especialmente informáticas, que logran reducir considerablemente sus costes gracias a la subcontratación de determinados servicios.

4.3. El caso especial de la subcontratación del transporte

En este caso, la empresa productora contrata únicamente el servicio de transporte del producto, por ser considerada esta opción más rentable que aprovisionar los medios necesarios para realizarlo en nombre propio, uniendo además al coste de adquisición de los medios, el coste de tenencia y mantenimiento de los mismos; por ejemplo, combustibles, impuestos, seguros, etc.

Al realizar la subcontratación del transporte el único coste que formaría parte de este campo del presupuesto sería la cuota que se paga a la empresa transportista, sea cual sea su forma de pago (por unidades transportadas, por importe fijo, etc.). Además, el dinamismo promocional de las empresas de transporte ofrece amplias variedades en la subcontratación del servicio y una gran competitividad en la eficiencia de sus servicios por ser empresas especializadas en transporte.

Aplicación práctica

Ediciones José Jesús S. L. se dedica a la edición de un periódico municipal. Debido a su modesta dimensión, decide encargar su distribución en el mercado a una empresa de transporte, Santa Fe SLU, que se encarga de venderlo en determinados puntos de interés del pueblo. Para ello, las empresas tienen un contrato en el que Ediciones José Jesús S. L. paga una cantidad fija mensual de 3.000 € a Santa Fe SLU por la colocación de una tirada de 4.000 ejemplares.

Continúa en página siguiente >>

<< Viene de página anterior

Identifique la relación de subcontratación entre las dos entidades.

SOLUCIÓN

Se trata de una subcontratación del servicio de transporte por el cual la empresa propietaria de la publicación paga a la empresa transportista una cantidad fija mensual, sujeta a un servicio determinado (distribución de 4.000 ejemplares).

---

5. Contratos con proveedores de acuerdo con las normativas de calidad y medioambientales

En términos generales, las empresas españolas poseen libertad para la contratación directa de proveedores o cualquier otra modalidad que la empresa considere adaptada a sus objetivos y de acuerdo al marco legal preestablecido (concurso, subasta, etc.).

En el ordenamiento jurídico español no existe un concepto expreso y general de qué se entiende por contrato con proveedores, sino que el mismo se va a ir configurando a partir de determinados artículos del Código Civil. Así, el artículo 1254 establece que: "El contrato existe desde que una o varias personas consienten en obligarse, respecto de otra u otras, a dar alguna cosa o a prestar algún servicio". A esta característica de voluntariedad en un contrato hay que añadir las obligaciones para las partes que deben cumplir, puesto que según el artículo 1089 del Código Civil: "Las obligaciones nacen de la ley, de los contratos"; lo que significa que un contrato es además una fuente de obligaciones para las partes. Además, "las obligaciones que nacen de los contratos tienen fuerza de ley entre las partes contratantes, y deben cumplirse a tenor de los mismos".

La base legal de la contratación de servicios en el ámbito editorial se establece en función del tipo de contratación que se pretenda llevar a cabo, ya sea civil, mercantil o laboral. El autor o el editor puede contratar o subcontratar bienes o servicios, y esta contratación podrá ser civil, mercantil o laboral.

La contratación civil o mercantil estará regida fundamentalmente por el Código Civil y el Código de Comercio. Pero si la contratación es laboral y se realiza a través de un contrato de trabajo, la base legal será el texto refundido de la Ley del Estatuto de los Trabajadores.

La contratación de proveedores ha de estar sujeta a una serie de principios de acuerdo a las políticas de calidad y la adecuada gestión organizativa de la entidad. Cuando la empresa opta por una selección pública de proveedores, se ha de acoger a una serie de requisitos en base a las buenas prácticas definidas por las políticas de calidad. Entre los más importantes destacan:

- **Principio de confidencialidad:** donde la empresa que establece el método de selección y acceso a los datos de otras entidades se compromete a la no difusión ni comunicación de estos datos sin previa autorización de la empresa interesada.
- **Principio de transparencia:** donde se establece un contrato que refleja con claridad los detalles de la futura adquisición así como lo esperado de la empresa proveedora.
- **Principio de concurrencia:** referido a la libertad de los proveedores existentes en el mercado a participar en la selección, siempre y cuando cumplan las condiciones expuestas en la selección.
- **Principio de publicidad:** se trata de dar a conocer públicamente la intención de la empresa de establecer una relación comercial con un determinado tipo de empresa definido en la oferta. Este principio no suele ser aplicado en compras puntuales de pequeña inversión.
- **Principios de igualdad de tratamiento:** donde se parte de un tratamiento estándar a todas las empresas que presenten oferta, sin posibilidad de descartar ofertas sin sujetarse a criterios económicos o financieros.

Además de estos principios, cada entidad se regirá por otros adicionales de acuerdo a su cultura organizativa y los objetivos que marcan su estrategia empresarial.

Actividades

11. Indique la diferencia entre los principios de concurrencia e igualdad de tratamiento.
12. Señale a qué se refiere la libertad de contratación de las empresas en relación a sus proveedores.

5.1. El contrato con proveedores

El documento que formaliza la relación entre empresa proveedora y empresa cliente es el **contrato de comercialización,** cuyo detalle será mayor cuanto mayor sea la complejidad de la relación entre ambas entidades. Sin embargo, los requisitos mínimos que ha de contener el contrato son:

1. Identificación de las partes.
2. Identificación del producto o productos objeto de la relación.
3. Definición de los precios y la evolución de estos en el tiempo y el mercado.
4. Definición de plazos de entrega.
5. Clarificación de forma y medios de pago.

Además de estos requisitos, la flexibilidad del contenido del contrato permite establecer diferentes clausulas relacionadas con las obligaciones de proveedores y clientes.

Según establece el artículo 50 del Código de Comercio:

Los contratos mercantiles, en todo lo relativo a sus requisitos, modificaciones, excepciones, interpretación y extinción y a la capacidad de los contratantes, se regirán en todo lo que no se halle expresamente establecido en este Código o en leyes especiales por las reglas generales del Derecho común.

5.2. Obligaciones del proveedor

Además de los rasgos básicos contenidos en el contrato y descritos anteriormente, se han de establecer unas obligaciones mínimas para el proveedor; estas son:

- Realizar el suministro así como cumplir todas las obligaciones asociadas a la entrega en las condiciones definidas en el contrato.
- Proporcionar las instrucciones técnicas así como los términos de garantías para el producto adquirido.
- Acometer los requerimientos legales (contables, administrativos y fiscales) hasta el momento de la entrega del producto al cliente.
- Cumplir cuantas disposiciones legales que afecten al producto en relación a la protección del medioambiente.
- Proporcionar la información asociada a las medidas de seguridad e higiene aplicadas no solo a los productos sino a todos aquellos componentes asociados a la venta (envases, embalajes, etc.).

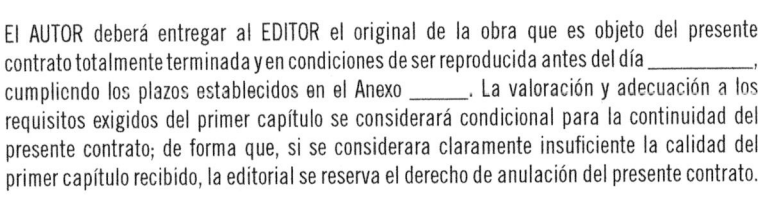

El AUTOR deberá entregar al EDITOR el original de la obra que es objeto del presente contrato totalmente terminada y en condiciones de ser reproducida antes del día _____, cumpliendo los plazos establecidos en el Anexo _____. La valoración y adecuación a los requisitos exigidos del primer capítulo se considerará condicional para la continuidad del presente contrato; de forma que, si se considerara claramente insuficiente la calidad del primer capítulo recibido, la editorial se reserva el derecho de anulación del presente contrato.

Ejemplo de cláusula de obligaciones de un autor con el editor

5.3. Obligaciones del cliente/empresa gráfica

Por su parte, al aceptar el contrato y, por regla general, el cliente accede a cumplir una serie de obligaciones recogidas en el mismo. Las más generales son:

- Efectuar el pago en las condiciones establecidas en el contrato y el lugar determinado.
- Facilitar los datos necesarios para la formalización de los procedimientos administrativos pertinentes.
- Comprometerse al correcto uso del producto de acuerdo a las instrucciones establecidas en la documentación aportada por el proveedor en el acto de compra.

 Actividades

13. Indique tres requisitos básicos en el contrato con el proveedor.
14. Señale a quién corresponde pagar el precio.

5.4. Incumplimiento de contrato

El incumplimiento del contrato se da cuando una de las partes obligadas no cumple tanto en forma como en plazo. De ahí se deduce que existe un amplio abanico de incumplimientos contractuales por parte de los proveedores, dando lugar a los siguientes tipos de incumplimiento:

- **Incumplimiento definitivo:** existe una causa que imposibilita el cumplimiento de la obligación.
- **Cumplimiento tardío o moroso:** se da cuando el plazo de la obligación expira y aún no se ha cumplido la obligación.
- **Cumplimiento defectuoso:** se trata de los casos en los que el obligado al cumplimiento no lo hace en los términos referidos en el contrato.

Los efectos del incumplimiento se recogen en el Código Civil de acuerdo a los incumplimientos para cualquier contrato voluntario entre las partes, actuando la autoridad competente de acuerdo a los parámetros establecidos en el marco jurídico actual.

Además de reclamar el incumplimiento, la parte afectada por el incumplimiento de la otra parte podrá exigir indemnización por daños y perjuicios efectivamente ocasionados y claramente probados ante la autoridad judicial.

La autoridad judicial puede resolver, condenando a la parte que incumpla el contrato a la realización de la entrega del bien si esta fuera posible. En caso contrario, se hará una valoración del bien que será la que conforme la deuda de la parte que ha incumplido con la que posee el derecho a la recepción del bien. A esta acción se le denomina **ejecución forzosa.**

Unido a lo anterior se podrá incluir la indemnización por daños y perjuicios siempre y cuando los hechos queden probados y anexados a la acción que se ha incumplido.

5.5. Relación proveedores y medioambiente

El Sistema Integrado de Gestión de Calidad, de acuerdo con la Norma ISO 140001:2015, ISO 14064-1:2019 e ISO 14067:2018, contempla las relaciones de las empresas con los proveedores basadas en unas adecuadas políticas de gestión de calidad y medioambiente.

 Nota

Los residuos inertes y los peligrosos en muchos casos deben ser custodiados y tramitados por empresas especializadas. Por ejemplo, componentes informáticos, productos químicos, etc.

Estas actuaciones tienen como finalidad última la realización de los trabajos adecuados a las buenas prácticas de colaboración conjunta, basados en la transparencia comercial así como en el respeto por el medioambiente.

Así, en la selección que la empresa gráfica haga de sus proveedores se ha de tener en cuenta lo siguiente:

Los proveedores seleccionados deberán conocer y cumplir la legislación medioambiental que les afecte.

Siempre deben realizar la recogida de los residuos evitando cualquier deposición o vertido en lugares no especificados para ellos.

Deberán identificar claramente los residuos peligrosos, especialmente en tratamientos como tintas, barnices y demás productos químicos.

El envase será adecuado y seguro según las características del residuo.

El lugar de almacenamiento de los residuos deberá cumplir las normativas de aislamiento y señalización.

Se establecerá un tiempo máximo para el almacenamiento de los residuos previo a su desaparición.

 Actividades

15. Indique ejemplos de productos químicos que requieran un especial tratamiento por los proveedores en el sector gráfico.

5.6. La contratación en el ámbito editorial

La Ley de Propiedad Intelectual en su artículo 73 prevé la posibilidad de que los autores y editores puedan acordar condiciones generales para el contrato de edición, que son:

Los autores y editores, a través de las entidades de gestión de sus correspondientes derechos de propiedad intelectual o, en su defecto, a través de las asociaciones representativas de unos y otros, podrán acordar condiciones generales para el contrato de edición dentro del respeto a la ley.

De lo anterior se desprende que para que se den esas condiciones generales es necesario:

■ Que una de las partes (normalmente una empresa) imponga una condición-cláusula a la otra (normalmente el consumidor final) sin negociación alguna.

■ Que dicha condición-cláusula se incorpore a una pluralidad de contratos.

Estas condiciones forman parte de los denominados **contratos de adhesión,** que son contratos en los que la voluntad de una de las partes aparece diluida y se limita a prestar su consentimiento.

La Ley de Propiedad Intelectual contempla además la posibilidad de que los autores y los editores pacten condiciones generales para el contrato de edición, hecho que hace que, en contra de lo que ocurre normalmente en otros ámbitos, con estas condiciones se establezcan unos modelos de contratos que sirvan de referencia en el sector, procurando la aplicación uniforme de la ley.

Tipos de contratos

En el ámbito de la propiedad intelectual son dos los contratos regulados expresamente: el **contrato de edición** y el **contrato de representación teatral y ejecución musical.**

Pero no son los únicos, ya que existen otros contratos fundamentales en este sector como son el de coedición, el de distribución editorial y el de impresión editorial, regulados en la Ley 9/1975, de 12 de marzo, del Libro; o el contrato de traducción, el contrato de cesión de derechos de obras colectivas, el contrato de ilustración o el contrato mixto.

El contrato de edición

En el ámbito editorial el contrato tipo por excelencia es el de edición. En este contrato el editor se obliga a reproducir la obra y distribuirla por su cuenta y riesgo y en las condiciones que pacte con el autor. El contrato de edición se tiene que formalizar siempre por escrito por imperativo legal. Lo que se persigue con esta obligación es lograr la mayor seguridad posible en relación a los pactos, a los derechos y a las obligaciones de las partes.

El contrato de edición tiene que respetar un **contenido mínimo** fijado en la LPI y que es el siguiente:

- Si la cesión del autor al editor tiene o no carácter de exclusiva.
- El ámbito territorial de la cesión.
- El número máximo y mínimo de ejemplares que alcanza la edición o cada una de las que se acuerden.
- La forma de distribución de los ejemplares y los que se reservan al autor, a la crítica y a la promoción de la obra.
- La remuneración del autor.
- El plazo para la puesta en circulación de los ejemplares de la obra. Dicho plazo no puede exceder de los dos años contados desde que el autor entregue al editor la misma en condiciones adecuadas para poder realizar la reproducción de la misma. Este plazo tiene excepciones:

  - Cuando se trate de antologías de obras ajenas, diccionarios, enciclopedias y colecciones análogas.
  - Cuando se trate de prólogos, epílogos, presentaciones, introducciones, anotaciones, comentarios e ilustraciones de obras ajenas.

- El plazo de entrega del original de la obra por parte del autor a la editorial.

La LPI incrementa el contenido mínimo de los contratos de edición cuando se trata de libros. En este caso, además de lo anterior, los contratos deberán pronunciarse sobre las siguientes cuestiones:

- La lengua o lenguas en que ha de publicarse la obra.
- El anticipo a conceder al autor.
- La modalidad o modalidades de cesión y, en su caso, la colección de la que formarán parte.

Si bien es cierto, se deja abierta la posibilidad de perfeccionar los aspectos básicos que marca su contenido, entendiendo perfeccionar como mejorar las condiciones para las partes sin incurrir en abusos ni ilegalidades.

CONTRATO DE EDICIÓN

En _____, a ___ de _____ de 20___

REUNIDOS

De una parte,
Don _____ con DNI _____ en representación de la
entidad _____, con NIF _____, con domicilio social
_____, (en adelante EDITOR).

Y de otra parte:
Don_____, mayor de edad, actuando en su propio nombre y derecho, con DNI
_____, con domicilio en _____, (en adelante AUTOR).

EXPONEN

Primero.- Que el AUTOR es el titular de los derechos de explotación sobre la obra/as que se señala/an a continuación:

"_____Título de la Obra_____"

(En adelante, a los efectos de este contrato se denomina OBRA, para una mayor facilidad en el entendimiento de las distintas cláusulas).

Segundo.- Que el EDITOR está interesado en la explotación de la OBRA, en los términos y condiciones que se recogen en el presente contrato.

Tercero.- Que el AUTOR está a su vez interesado en que sea el EDITOR quien lleve a cabo dicha explotación, en los términos y condiciones indicados, dando su expreso consentimiento y autorización para que la OBRA pueda ser subrogada, sustituida y/o ampliada en este contrato sin necesidad de requisito, ni consentimiento especial y como libremente determine el EDITOR.

Cuarto.- Que por todo ello, y reconociéndose mutuamente según actúan la capacidad legal necesaria para contratar y obligarse, y en especial, lo llevan a efecto en base a las siguientes cláusulas:

CLÁUSULAS:

Primera.- Objeto del contrato
El objeto del presente contrato es el encargo por parte del EDITOR al AUTOR de
una obra de acuerdo con las características que se indican en el Anexo 1 de este contrato,
y el AUTOR se compromete a realizarlas por tales características.
….

El contrato de edición musical

Un subtipo es el contrato de edición musical, al que le serán de aplicación las normas generales aplicables a los contratos de edición de la Ley de Propiedad Intelectual con las salvedades indicadas en la misma. Como ejemplo de ellas, se trata de un contrato en el que el autor o sus derechohabientes ceden al editor el derecho a reproducir su obra, el derecho a distribuirla y el derecho de comunicación pública.

Además, en este tipo de contratos los editores musicales suelen hacerse ceder también el derecho de transformación de la obra, lo que les posibilita la toma de decisiones relativas a la realización de arreglos en la obra, a su adaptación para que pueda ser utilizada en películas, anuncios de televisión o radio o a que se traduzca a otros idiomas.

El contrato de coedición

La Ley 9/1975, de 12 de marzo, del Libro define en su artículo 28 el contrato de coedición entendiendo por este a aquel contrato concertado por varios editores, o entre editores españoles y extranjeros, para crear, editar, producir o vender una o varias obras. Existen variantes dentro de este tipo de contrato, como el contrato de coedición de creación de obra o contrato de coedición de obra terminada.

Otros contratos editoriales

Otros contratos de uso ordinario definidos en la Ley del Libro son los siguientes:

- Contrato de distribución: se entiende por contrato de distribución editorial aquel por el que el distribuidor se encarga de la venta al por mayor y administración de una obra ya editada, abonando por ello el editor un precio de antemano convenido (artículo 31 de la Ley del Libro).
- Contrato de impresión editorial: se entiende por contrato de impresión editorial aquel por el que una empresa gráfica se compromete a componer, reproducir, imprimir o encuadernar una obra científica, literaria o artística susceptible de ello a cambio de un precio que deberá abonar el editor.

Actividades

16. Indique qué diferencias hay entre el contrato de distribución y el de edición.
17. Señale cuáles son los contenidos mínimos del contrato de edición.

 Recuerde

Existe otro tipo de contrato relacionado con el sector gráfico, que es el contrato de representación teatral y ejecución musical, donde el autor o sus derechohabientes ceden a otra persona el derecho a representar o ejecutar públicamente una obra literaria, dramática, musical, dramático-musical, pantomímica o coreográfica, mediante compensación económica.

6. Prospección de mercado

En una definición somera de este concepto, se puede afirmar que la prospección es una búsqueda continuada de proveedores dentro del mercado. Ampliando este concepto, se entiende por prospección del mercado de proveedores a la planificación y ejecución de acciones comerciales llevadas a cabo por la empresa con el objeto de identificar comportamientos y actuaciones de los proveedores así como las propiedades de sus productos y procedimientos de venta.

Así, una empresa identifica sus potenciales proveedores, los analiza y crea así una **lista de preferencias** sobre cuáles de ellos se adaptan mejor a los procedimientos llevados a cabo por la propia empresa.

Esta prospección de mercado puede ser realizada por la propia empresa o, en su defecto, encargarse a empresas externas y especializadas en este tipo de estudios de mercado.

Entre las técnicas más extensamente utilizadas para estas labores de prospección de mercado de proveedores destacan:

- **Observación:** a través del análisis del comportamiento llevado a cabo por el proveedor respecto a los trabajos de suministro realizados a otras empresas.
- **Prueba:** se trata de realizar una pequeña adquisición en forma de muestra para ver el comportamiento real del proveedor o proveedores analizados.
- **Investigación:** búsqueda de información relativa a los proveedores en el mercado (reputación, quejas, grado de cumplimiento de preceptos legales, etc.).
- **Ferias comerciales y exposiciones:** estos eventos se organizan para darse a conocer en diferentes lugares y sobre temáticas especializadas. A la vez es una oportunidad muy interesante para la prospección de mercado por parte de las empresas interesadas, para lo cual se realizan visitas, se toman datos, contactos, etc.
- **Páginas web y blogs:** son muy pocas las empresas que hoy en día no poseen presencia en la red. De la misma forma, ofrecen un amplio abanico de productos, precios y otras informaciones que son de gran utilidad para las empresas interesadas en la adquisición de nuevos proveedores.
- **Redes sociales:** X, Facebook y otras muchas redes virtuales de comunicación se han nutrido de una alta presencia empresarial con el objetivo de darse a conocer; de esta forma, el acceso a gran cantidad de información sobre proveedores es muy sencillo y económico para aquellas empresas que pretenden la prospección.

Además, cada vez que se habla de prospección de mercado se debe hacer de acuerdo a una serie de criterios:

- **Comparación:** las distintas informaciones de los proveedores potenciales han de ser comparables entre sí, es decir, estar definidas en los mismos términos.
- **Claridad:** debe darse una total definición de la información a comparar, de hecho si la información es confusa carece de valor para la prospección.

- **Oportunidad:** la información ha de poseerse en el momento de emprender y realizar el estudio, de nada sirve una información posterior a la toma de decisión.
- **Economicidad:** de igual forma, el coste de la obtención de la información ha de ser inferior al beneficio que proporcione su tenencia, es decir, se ha de renunciar al acceso a información cuyo coste sea mayor que la ganancia asociada a la contratación de ese proveedor en relación al inmediatamente inferior.

Para una correcta y adecuada prospección de mercado, las técnicas descritas han de ser conjugadas con los criterios de la información de manera que se llegue a una gestión correcta y útil para la mejora continua de la competitividad empresarial.

 Ejemplo

Una empresa que edita una revista mensual de sociedad decide sacar un suplemento bimensual sobre las tendencias de moda. Para ello requiere ampliar sus proveedores. El estudio de su coste supera con creces los beneficios que se estiman por la venta del suplemento, por lo que en base al principio de economicidad se decide desistir del lanzamiento del suplemento.

 Actividades

18. Señale qué se entiende por oportunidad en la prospección de mercado.
19. Indique tres fuentes de información para la prospección del mercado.

7. Resumen

Conocer los proveedores disponibles supone poseer una herramienta más de eficiencia en la gestión empresarial, puesto que a la hora de estudiar la estructura de costes de la organización o el proceso productivo según el detalle del mismo, se ha de considerar las fuentes que originan esos costes: los aprovisionamientos.

Estos aprovisionamientos son proporcionados por los proveedores, por esta razón se hace necesario conocer todos y cada uno de los detalles asociados al funcionamiento de la relación comercial de los mismos.

Desde la necesidad de aprovisionamiento hasta la incursión de las materias adquiridas en el proceso productivo, y pasando por los elementos asociados a la adquisición (precio, plazo, etc.), se establece una corriente de procesos, cuyo estudio en vista a la mejora de su eficiencia hará que la empresa obtenga una dinámica eficaz en la continuidad de estas acciones.

Todo recogido bajo una clara y legalizada relación contractual asentará las bases de una adecuada gestión de los proveedores y los materiales suministrados, así como la solidez en la gestión presupuestaria de la entidad.

Ejercicios de repaso y autoevaluación

1. **Complete la siguiente frase:**

   Se entiende la _____, externalización o _____, traducción
   del término inglés *outsourcing*, como la acción _____ mediante la cual
   una empresa _____ canaliza recursos hacia otra, _____,
   para llevar a cabo un objetivo común, relacionado con la realización de una actividad
   determinada, en nombre de la empresa _____, pero por su cuenta y
   _____.

2. **Indique sin son verdaderas o falsas las siguientes cuestiones. En el caso de que sean falsas, indique la razón:**

   a. El pago por un importe variable es el que establece un pago por un periodo de tiempo determinado, sujeto a unos objetivos de venta determinados.

      ☐ Verdadera
      ☐ Falsa

   b. La contratación de proveedores ha de estar sujeta a una serie de principios de acuerdo a las políticas de calidad y la adecuada gestión organizativa de la entidad.

      ☐ Verdadera
      ☐ Falsa

   c. El principio de concurrencia está referido a la libertad de los proveedores existentes en el mercado a participar en la selección, siempre y cuando cumplan las condiciones expuestas en la selección.

      ☐ Verdadera
      ☐ Falsa

d. La observación es una técnica de prospección de mercado a través del análisis del comportamiento llevado a cabo por el proveedor respecto a los trabajos de suministros realizados a otras empresas.

☐ Verdadera
☐ Falsa

3. ¿Cuál es una forma de obtener información para la prospección del mercado de proveedores?

a. Blogs.
b. Páginas web.
c. redes sociales.
d. Todas las opciones son correctas.

4. En el contrato con proveedores es obligación del proveedor...

a. ... efectuar el pago en las condiciones establecidas en el contrato y el lugar determinado.
b. ... facilitar los datos necesarios para la formalización de los procedimientos administrativos pertinentes.
c. ... comprometerse al correcto uso del producto de acuerdo a las instrucciones establecidas en la documentación aportada por el proveedor en el acto de compra.
d. ... proporcionar las instrucciones técnicas así como los términos de garantías para el producto adquirido.

5. Son principios que rigen la prospección de mercado todos menos...

a. ... la claridad.
b. ... la accesibilidad.
c. ... la oportunidad.
d. ... la economicidad.

6. Cuando se adquiere una muestra de producto de un proveedor para la prospección de mercado, este producto se considera una...

    a. ... prueba.
    b. ... alternativa.
    c. ... pista.
    d. Todas las opciones son incorrectas.

7. Cuando la empresa subcontratante paga un importe (comisión) sobre cada unidad vendida, este pago se considera...

    a. ... una cuota fija.
    b. ... una cuota semifija.
    c. ... un importe variable por comisión.
    d. ... un importe semivariable.

8. Defina punto de pedido.

9. Indique tres de los principales objetivos de la gestión de aprovisionamiento de la pequeña empresa.

10. Clasifique los proveedores según su forma de pago.

_____
_____
_____
_____
_____
_____
_____

11. Indique cuatro de las principales ventajas de segmentar.

_____
_____
_____
_____
_____
_____
_____

12. ¿Qué es un mercado de competencia perfecta?

_____
_____
_____
_____

13. Relacione un concepto de cada columna para establecer cuatro relaciones con sentido sobre la clasificación de proveedores:

a. Bienes
b. Fabricante
c. Nacionales
d. Contado

__ Internacionales
__ Servicios
__ Plazo
__ Mayorista

14. ¿Cómo expresaría en términos coloquiales la segmentación del mercado que hace una determinada empresa editorial?

_____

_____

_____

_____

15. Adivine la palabra oculta verticalmente, respondiendo a las pistas emplazadas en espacios horizontales:

1. "Bienes Intangibles".
2. Quien compra a un proveedor.
3. ¿?
4. Espacio económico donde las empresas desarrollan su actividad. Puede ser dividido según tipo de clientes.
5. ¿?
6. Cuando se paga en el momento de la compra.
7. Más allá de la frontera nacional.
8. Si un proveedor vende ahora y cobra dentro de un tiempo.
9. Dícese de la acción de contratar servicios a otras empresas para el propio proceso productivo.
10. ¿?
11. El que suministra productos para el proceso de producción empresarial.
12. ¿?

1				S					

S E G M E N T A C I O N

Bibliografía

Monografías

▌BUENO, E.: *Curso básico de economía de la empresa: un enfoque de organización.* Madrid: Ediciones Pirámide, 2002.

▌DE CUSA, J.: *Cómo encuadernar un libro.* Barcelona: CEAC, 1990.

▌FERNÁNDEZ, Z.: *La organización interna como ventaja competitiva para la empresa.* Madrid: Papeles de Economía Española. N° 56, 1993.

▌FRANGANILLO, J.: *La industria editorial frente al libro electrónico.* Barcelona: El profesional de la información. Vol. 17, n° 4, julio-agosto, 2008.

▌GDT. Asesoramiento Empresarial S. A.: *Atención al cliente.* Sevilla: Confederación de Empresarios de Andalucía, 2000.

▌GAITHER, N. y FRAZIER, G.: *Administración de producción y operaciones.* México: Editorial Thomsom. 2000.

▌GRANT, R. M.: *Dirección estratégica. Conceptos, técnicas y aplicaciones.* 3ª Edición. Navarra: Thomson Civitas, 2006.

▌POZO Puértolas, R.: *Diseño e industria gráfica.* Barcelona: Elisava Edicions, 2002.

▌SÁEZ DE VITERI Arranz, D.: *El potencial competitivo de la empresa: recursos, capacidades, rutinas y procesos de valor añadido.* Vigo: Universidad de Vigo. Investigaciones Europeas de Dirección y Economía de la Empresa. Vol. 6, n° 3, pp. 71-86, 2000.

▎SANTESMASES Mestre, M.: *Marketing. conceptos y estrategias.* Madrid: Ediciones Pirámide, 2007.

Legislación

▎Norma Internacional ISO 9001: 2008. Sistemas de gestión de la calidad. Requisitos. Traducción oficial (Cuarta edición. 2008-11-15). Publicado por la secretaría Central de ISO en Ginebra, Suiza, como traducción oficial en español avalada por el *Translation Management Group,* que ha certificado la conformidad en relación con las versiones inglesa y francesa. Suiza, 2008.

▎Ley 23/2006, de 7 de julio, por la que se modifica el texto refundido de la Ley de Propiedad Intelectual contenida en el Real Decreto Legislativo 1/1996, de 12 de abril.

▎Ley 3/1991, de 10 de enero, de Competencia Desleal, cuyo contenido normativo ha sido actualizado y modificado por la Ley 29/2009, de 30 de diciembre, por la que se modifica el régimen legal de la competencia desleal y de la publicidad para la mejora de la protección de los consumidores y usuarios.

Textos electrónicos, bases de datos y programas informáticos

▎Agencia del ISBN española, de: <https://www.agenciaisbn.es/>.

▎Agencia del ISBN internacional, de: <https://www.isbn-international.org/>.

▎Asociación Española de Normalización y Certificación, de: <https://www.aenor.com/Buscador>.

▎Entidad Nacional de Acreditación, de: <https://www.enac.es/>.

▎Organización Internacional de Normalización, de: <https://www.iso.org/>.

▎Plan General Contable, de: <https://www.plangeneralcontable.com/>.